하나님 나라,
공동선,
교회

일러두기

· 본문에서 사용한 우리말 성경 중 별도로 표기하지 않은 구절은 개역개정판을 사용했습니다.

· 본문에 사용한 문장부호 중 『 』는 단행본, 「 」는 보고서, 《 》는 시리즈, 〈 〉는 프로젝트나 공연을 의미합니다.

건강한 교회 세우기 시리즈

이론편

하나님 나라,
공동선,
교회

✴

건강한 교회를 위한 신학적 기초와
한국교회 건강성 분석 리포트

한국교회 희망 프로젝트 엮음

크리큠북스

추천사

✦

마가복음에 따르면 예수 그리스도의 공적 사역 제일성은 '하나님 나라'였다. 신약성경은 천국, 하늘나라, 하나님 나라 등의 단어로 삼위일체 하나님의 뜻이 작동하는, 곧 하나님께서 통치하시는 존재의 방식과 현실을 말한다. 『하나님 나라, 공동선, 교회』는 코로나19 이후 시대의 기독교의 본질과 존재 방식을 묻는다. 묻는 주체는 교회다. 묻는 방식은 깊은 자기 성찰과 사회적 분석 그리고 신학적 전망이다. 귀한 몸부림이 참 고맙다. 새로운 길이 열리길 기도한다.

_지형은(말씀삶공동체 성락성결교회 담임목사)

이 시대는 진정한 소통과 공감이 절실히 필요한 때다. 『하나님 나라, 공동선, 교회』는 한국교회가 마주한 도전과 기회를 통찰력 있게 집어내며, 교회와 성도 개개인이 어떻게 더 건강하고 역동적인 신앙 공동체를 이룰 수 있는지에 대한 구체적인 방향을 제시한다. 이 책은 이론을 넘어 살아 숨 쉬는 신앙 공동체를 위한 실천적 지혜를 담고 있어, 모든 교회 지도자와 성도가 변화의 계획을 세울 수 있도록 돕는다. 〈한국교회 희망 프로젝트〉의 일환으로 수행된 이 연구가 하나님 나라를 이 땅에 구현하는 데 필요한 귀중한 통찰과 지침을 제공할 것을 기대한다.

_김경진(소망교회 담임목사)

전인적 성숙을 도모하는 그리스도인은 개인의 영성, 지성, 인성(도덕성), 그리고 사회성(공공성) 영역의 균형 있는 성장을 요구받는다. 그러므로 교회는 이 네 가지 영역을 염두에 두고 성도의 신앙생활을 도와야 할 책임이 있다. 그런데 네 가지 영역의 균형을 고려하며 소그룹 교재를 집필할 때 늘 한계를 느낀 영역이 있었다. 바로 '사회성 영역'이다. 하나님 나라 백성 공동체인 교회로서, 또 그리스도인 개인이자 한 사회의 시민으로서 공적 영역인 사회를 복음적 시각으로 바라보는 자료가 부재했기 때문이다. 이제 각 영역의 객관적인 데이터와 지표를 담은 《건강한 교회 세우기》 시리즈가 출간되어 이 어려움을 넘어서게 되었다. 마음에 안도감과 함께 기쁨이 넘친다.

_이상화(서현교회 담임목사, 한국소그룹목회연구원 대표)

차례

✳

추천사 · 004
감사의 글 · 008
시리즈 서문 시작하며: 하나님 나라의 온전함을 향하여 · 010
시리즈 활용법 · 021

 1부 한국교회 건강성
분석 리포트

1장   조사 개요 · 028

1. 조사 목적 ·028 | 2. 조사 설계 ·028 | 3. 점수 산출 모델 ·029 | 4. 영역별
구성 항목 ·031 | 5. 응답자 특성 ·035

2장   조사 결과 · 040

I. 교회 출석자 조사 · 040

1. 항목별 점수 ·040 | 2. 영역별 점수 ·050 | 3. 중요도(가중치) ·059 | 4. 건
강성 지표 종합 점수 ·068

II. 교회 출석자와 가나안 성도 조사 결과 비교 · 071

1. 항목별 점수 비교 ·071 | 2. 영역별 점수 비교 ·081 | 3. 중요도(가중치) 비
교 ·083 | 4. 건강성 지표 종합 점수 비교 ·085 | 5. 출석(했던) 교회 건강성 vs
한국교회 건강성 ·087 | 6. 출석(했던) 교회 만족도 vs 한국교회 만족도 ·089
| 7. 출석(했던) 교회 신뢰도 vs 한국교회 신뢰도 ·091

2부 건강한 교회의 신학적 기초

1장   하나님 나라에 대한 이해 / 김태섭 · 096

2장   하나님 나라, 교회, 그리고 공동선 / 송용원 · 118

3장   교회는 세상을 어떻게 변화시키는가?: 21세기 한국의 사회문화적 배경과 과제를 중심으로 / 백광훈 · 143

3부 하나님 나라를 향한 건강한 교회의 지표들
: 교회의 건강성 평가 항목 설정 연구

1장   개인으로서의 교회 / 신현호 · 172

2장   공동체로서의 교회 / 이병옥 · 209

3장   제도와 사회구성원으로서의 교회 / 성석환 · 242

설문지 교회의 건강성 측정을 위한 조사 · 278

저자 소개 · 310

주 · 314

감사의 글

✳

〈한국교회 희망 프로젝트〉에서 《건강한 교회 세우기》 시리즈를 내기까지 3년여에 걸친 연구와 토론 및 교재 집필 과정이 있었습니다. 그 과정에서 다양한 방법으로 섬긴 손길들이 많습니다. 계재광 목사님은 전체 팀장으로 기획과 진행에서 남다른 통찰력을 공유하였고, 류지성 교수님, 박준 박사님, 이재열 교수님, 이윤석 목사님, 최영우 대표님은 신학과 사회학, 통계 전문가로서 그리스도인과 교회의 건강성을 확인하는 '교회의 건강성 측정을 위한 조사' 지표와 지수 설계를 위한 설문 문항 제작 및 감수에 참여하였으며, 지용근 대표님과 지앤컴리서치에서 방대한 설문조사를 실행하고 결과를 분석하는 데 힘썼습니다. 또한 오

랜 숙고와 치열한 논의를 글로 풀어 준 필진이 있었습니다. 이
론편 『하나님 나라, 공동선, 교회』에서 김태섭 교수님, 송용원
교수님, 백광훈 목사님이 하나님 나라와 공동선의 신학적 기초
를 제공하고, 신현호 교수님, 이병옥 교수님, 성석환 교수님이
설문 설계의 신학적 방향을 제시했습니다. 실전편 중 건강한 교
회의 개인 차원을 다룬 『나를 넘어서는 힘』은 손성현 목사님이,
공동체 차원을 담은 『하나님 나라를 품은 공동체』(근간)는 고원
석 교수님과 김지혜 목사님이, 제도와 사회구성원으로서의 교
회의 건강성을 이야기한 『세상의 선물이 되는 교회』(근간)는 백
광훈 목사님과 김지혜 목사님이 애써 주었습니다.

마지막으로 연구 및 출판을 위하여 기도와 물질 지원으로
도움을 준 분들과 교회들이 있습니다. 우창록 장로님을 비롯하
여 김경진 목사님소망교회, 손달익 목사님서울교회, 장경덕 목사님가
나안교회, 전세광 목사님세상의빛교회, 최정도 목사님주사랑교회, 한재엽
원로목사님장유대성교회, 황성은 목사님창동염광교회께 진심으로 감사
드립니다.

참여한 모든 이들에게 감사드리며

임성빈

시작하며:
하나님 나라의 온전함을 향하여

교회에 희망이 있습니까?

ᵒ ᵒ ᵒ

한국교회는 20세기 후반에서 21세기 초반에 이르기까지 세계
에서 가장 폭발적인 성장을 이룬 교회입니다. 그런데 그런 한국
교회가 21세기를 지나며 위기를 맞고 있습니다.

교회의 위기는 교회 내 갈등, 교회 지도자와 성도의 삶의 모
습, 교단이나 연합기관들의 문제를 주목할 때 더욱 확연하게 드
러납니다. 내부적으로는 교인 수의 감소와 더불어 시대적으로
개인의 삶에 집중하는 문화가 확산되면서 공동체에 대한 헌신
이 약화되고, 교회 규모의 간극이 심해지며, 지나친 정치화로

인한 교단과 총회 등 교회 기구에 대한 불신이 늘어나고 있습니다. 외부적으로는 대사회적 공신력이 하락하며 부정적 이미지가 커지고 있습니다. 더욱이 코로나19에 책임적으로 응답하지 못하면서 교회의 신뢰도와 영향력은 심각한 타격을 입었습니다. 저는 이 모든 징후를 통틀어 **교회의 건강성 위기**라고 해석합니다.

안타깝게도 이러한 위기는 일시적인 요인으로 인한 것이 아닙니다. 한국교회가 120년간 이룬 폭발적인 성장에 따른 후유증들을 외면한 결과입니다. 코로나19를 계기로 오랜 시간 쌓여왔던 문제들을 압축적으로 마주하고 있는 것입니다.

위기의 근본적인 원인은 **신앙**에 있습니다. 교회가 교회답지 못해서, 신앙인이 신앙인답지 못해서입니다. 신앙인 개인, 신앙 공동체로서의 교회, 또한 사회적 기구와 제도적 구조의 차원에서 신앙인과 교회는 신앙인다움과 교회다움을 나타내지 못하고 있습니다. 그로 인해 세상으로부터 '사회적, 정치적 공공성이 부족하다'라는 비판을 받고 당혹감과 열패감을 느끼고 있는 것이 교회의 현실입니다.

신앙이 좋다는 것과 그리스도의 제자가 된다는 것의 인식과 도전이 부족했음을 이제 여실히 깨닫습니다. 동시에 신앙인이 모인 공동체로서의 교회는 어떻게 운영되며, 사회적, 제도적 기구로서의 교회는 어떠한 역할을 하여야 하는지에 대한 합의가 이루어지지 않아 혼란스러운 상황입니다.

아직 희망은 있습니다!

ⵔⵔⵔ

한국교회는 여전히 양적·질적인 면에서 상당한 역동성과 잠재력을 가지고 있습니다. 인적·물적 자원도 결코 적지 않습니다. 세계 선교에서 한국교회는 섬김의 영향력을 끼칠 수 있는 몇 안 되는 교회로 변함없이 중요한 위치를 차지하고 있습니다. 수백만 명의 신앙인들이 교회를 중심으로 예배하고 교육받으며 나름대로 봉사에 힘쓰고 있습니다. 무엇보다 우리에게는 지난 수십 년간 한국교회에 은혜를 부어 주신 하나님이 계십니다. 이순신 장군의 '12척의 배'보다 훨씬 많은 자원을 '은혜의 선물'로 허락하신 주님이 오늘도 우리와 함께 하십니다.

이토록 풍성한 은혜Gabe를 허락하신 주님께 감사하며 그에 응답할 책무Aufgabe가 우리에게는 있습니다. 이제 교회의 위기를 직시하며 여러분과 함께 온전한 교회됨의 여정을 떠나고자 합니다. 그러기 위해서는 먼저 주님이 선물로 주신 '구슬 서 말'을 '하나로 꿰는' 심정으로 우리의 신앙을 점검하고 성숙·성화의 과정을 재촉해야 합니다. 그것이 온전한 신앙인, 온전한 교회 공동체, 온전한 사회적·제도적 기구로서의 교회됨을 향한 여정의 시작입니다.

우리의 비전: 하나님 나라를 향한 교회 바로 세우기

○ ○ ○

한국교회의 회복은 개별 교회나 교단의 이벤트, 단편적인 노력으로 이루어지지 않습니다. 우리가 받은 선물, 곧 영적·인적·물적 역량에 집중하여 건강한 교회를 소망하고, 시대와 호흡하여 사회가 신뢰하는 교회로 탈바꿈해야 합니다. 문화와 소통하며 문화를 변혁하여 하나님 나라에 참여하는 종말론적 교회로 거듭나야 할 것입니다.

그래서 우리는, 엄중한 문제의식과 명료한 분석을 거쳐 교회가 건강성을 회복하고 하나님 나라의 온전함을 세워 가고자 〈한국교회 희망 프로젝트〉를 실행하려고 합니다.

- 〈한국교회 희망 프로젝트〉는 '신앙인 개인', '신앙 공동체로서의 교회', '시민사회와 기독교 시민단체 등'이 하나님 나라 실현에 참여하는 사역의 지속적 주체가 되어야 함을 주장합니다.

- 이 기획은 특정 이념과 당파성에 치우치지 않아야 함을 전제로 합니다. 타인의 티끌을 보고 비판하는 대신 내 안의 들보를 보고, 거룩한 분노를 진정한 사랑에서 우러나오는 대안적 정의 제시와 실천으로 이끄신 예수 그리스도의 마음과 태도를 본받으려 합니다.
- 전환과 변화를 위해 현실 상황을 객관적으로 분석해야 할 것입니다. 이는 더 온전한 삶, 더 온전한 공동체, 더 온전한 교회를 만들어 가는 책임적 응답을 위해 반성적 성찰로 이어져야 합니다.
- 이러한 기획은 신학뿐 아니라 경제, 경영, 정치, 사회, 문화, 법률 등 다양한 영역과의 간학문적이고 융합적 협력을 필요로 하며, 그와 동시에 교회 현장에서 실제로 작동하는 실천적 지혜로 이어져야 합니다. 이 같은 관점에서 사회과학자 및 신학자들과 협업하여 개인의 신앙을 개인적/공동체적/사회적 기구와 제도의 차원에서 분석할 수 있는 지표와 지수를 개발하였습니다. 그 활용을 통하여 신앙의 현실을 살펴보는 데 도움받기를 기대합니다.
- 좋은 신앙인 됨과 좋은 시민 됨이 밀접하게 연계되어 있음을 전제하여 신앙과 신학, 교회의 통전성을 지향합니다.
- 이 기획은 궁극적으로 건강한 교회됨을 통한 하나님 나라 참여, 즉 사회적 차원에서 공동선common good을 기르려는 것입니다. 사회의 여러 영역을 이해하고, 동역 기관들과 함께 공동선 함양을 위한 포괄적 목표와 연대의 방안들을 제시할 것입니다.

- 이를 통해 한국교회에 대한 신뢰를 회복하고 신앙인다운 신앙인, 교회다운 교회를 다시 세우는 것이 목표입니다. 또한 위기를 극복하여 희망을 보여 주는 교회로서 외국의 교회 및 유관 기관들과의 전략적 연대를 통하여 세계 교회와 국제사회에 이바지하는 선교적 섬김이 되기를 기대합니다.

이에 〈한국교회 희망 프로젝트〉는 《건강한 교회 세우기》 시리즈를 기획했습니다. 이 시리즈를 통하여 한국사회와 교회의 현실에 대한 위기 인식의 토대 위에, 교회의 교회다움의 전제로서 온전한 신앙인을 향한 여정을 개인적, 공동체적, 제도적이고 사회구성원의 차원에서 제시하려 합니다. 이것이 본 시리즈의 의도이자 목적인 동시에 내용입니다.

이 시리즈는 세 가지 면에서 다른 책들과 차별점이 있습니다. **첫째,** 건강하고 바른 교회가 세 가지 차원으로 이루어진다는 점을 강조합니다. 바로 신앙인다운 신앙인 됨, 공동체로서의 교회됨, 지역적·사회적 기구로서의 교회됨의 차원입니다. 이 세 영역 모두가 건강하게 발전하고 유기적으로 연결될 때 건강한 교회의 가능성을 모색할 수 있습니다.

그러므로 우리의 과제는 (1) 개인적 차원에서: 더욱 신앙인다워짐, 즉 장성한 신앙인 됨, (2) 신앙 공동체 차원에서: 신앙

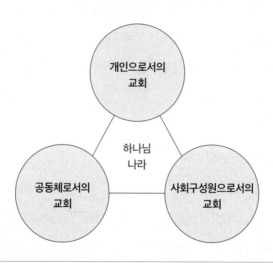

• 건강한 교회의 세 차원 •

개인으로서의
교회

하나님
나라

공동체로서의
교회

사회구성원으로서의
교회

인들이 모인 공동체다워짐, (3) 사회적 기구로서의 제도적 차원

에서: 사회적 공동선 추구에 모델이 되는 공공적 기구로서의 교

회됨을 이루는 것입니다. 목표는 '신앙인다운 신앙인'성숙한 신앙인

– '교회다운 교회'건강한 신앙 공동체 – '제도적 기구로서의 교회'가

서로 유기적 상관관계에 있음을 온전히 드러내는 것입니다.

둘째, 2022년 교회 출석자 1,000명과 가나안 성도 300명을

대상으로 실시한 개인·공동체·사회구성원으로서 교회의 건강성

을 측정하는 '교회의 건강성 측정을 위한 조사'의 일부 문항을

분석하여 이론편 『하나님 나라, 공동선, 교회』1부 한국교회 건

강성 분석 리포트에 담았습니다. 또한 각 교회에서도 활용할 수 있도록 설문지를 책에 수록하였습니다. 설문의 결과는 비교나 평가가 아니라 교회 공동체가 하나님 나라의 온전함과 온전한 신앙인 됨을 이루어 가는 점검의 과정이어야 합니다. 이에 근거해 우리의 부족함과 나아가야 할 푯대를 확인하게 될 것입니다.

마지막으로 원론적인 개념서가 아닙니다. 실전편인 『나를 넘어서는 힘』, 『하나님 나라를 품은 공동체』(근간), 『세상의 희망이 되는 교회』(근간)에 성경, 인문학, 교회의 사례와 토의 자료, 공동체 활동 등 여러 방면의 내용을 담아 공동체에서 실제로 활용할 수 있게 하였습니다. 특히 책에 등장하는 사례는 문자적으로 받아들이기보다 성령의 감동 가운데 상상력을 발휘해 읽어 주시기를 바랍니다. 건강한 교회를 세우기 위하여 여러 사례를 들여다보고 다양한 시도를 하는 과정을 통해, 실천적 변화를 꾀하는 데 현실적인 가능성을 탐색하고 삶과 교회를 재구성하여 교회를 더욱 온전하게 할 것입니다.

프로젝트의 구성

○ ○ ○

《건강한 교회 세우기》 시리즈는 건강한 교회를 이루는 세 영역의 성숙과 발전에 초점을 맞추어 총 네 권으로 구성됩니다.

• 《건강한 교회 세우기》 시리즈의 구성 •

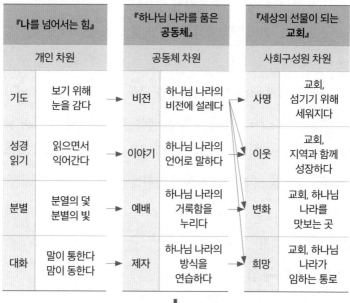

시작하며: 하나님 나라의 온전함을 향하여

⬇

『하나님 나라, 공동선, 교회』 (이론편)		
건강한 교회의 이론적 기초: 하나님 나라, 공동선	건강한 교회의 세 가지 차원: 개인, 공동체, 제도와 사회구성원	교회의 건강성 점검

⬇ (실전편)

『나를 넘어서는 힘』		『하나님 나라를 품은 공동체』		『세상의 선물이 되는 교회』	
개인 차원		공동체 차원		사회구성원 차원	
기도	보기 위해 눈을 감다	비전	하나님 나라의 비전에 설레다	사명	교회, 섬기기 위해 세워지다
성경 읽기	읽으면서 익어간다	이야기	하나님 나라의 언어로 말하다	이웃	교회, 지역과 함께 성장하다
분별	분열의 덫 분별의 빛	예배	하나님 나라의 거룩함을 누리다	변화	교회, 하나님 나라를 맛보는 곳
대화	말이 통한다 맘이 동한다	제자	하나님 나라의 방식을 연습하다	희망	교회, 하나님 나라가 임하는 통로

⬇

맺으며: 성도다운 성도, 교회다운 교회

이론편 『하나님 나라, 공동선, 교회』는 건강한 교회를 세우기 위한 신학적인 기초로서 하나님 나라에 대한 이해와 오늘날 세상에서의 교회의 과제, 현재 한국교회의 건강성을 확인하는 분석 보고서로 이루어져 있습니다. 목회자와 교회 리더들이 건강한 교회에 대한 이론적 이해를 정립할 수 있습니다. 또한 한국교회의 건강성 분석을 기초로 우리 교회의 건강성을 확인할 수 있는 설문지 '교회의 건강성 측정을 위한 조사'가 포함되어 있습니다.

다른 세 권은 건강한 교회를 이루어 가는 여정을 돕는 **실전편**입니다. 『나를 넘어서는 힘』은 교회의 첫 번째 차원, 즉 개인으로서의 교회를 건강하게 세우도록 합니다. '기도', '성경 읽기', '분별'과 '대화'의 과정을 통해 보다 성숙한 그리스도인으로서 리더십을 세워 나갈 수 있을 것입니다.

『하나님 나라를 품은 공동체』(근간)는 교회의 두 번째 차원인 공동체로서의 교회를 보다 온전한 하나님 나라의 공동체로 빚어 가도록 합니다. 하나님 나라의 비전으로 하나 되고비전 공동체, 신앙의 언어를 통해 성장하며이야기 공동체, 예배 안에서 거룩을 경험하여 일상으로 확장시키고예배 공동체, 하나님 나라의 방식을 삶으로 일구어 나가는 제자로서의 삶을 살도록 격려합니다제자 공동체.

『세상의 선물이 되는 교회』(근간)는 교회의 세 번째 차원, 곧 지역과 사회의 일원이자 세상의 빛과 소금으로서 부르심에 합당한 교회에 대한 내용입니다. 지역을 향한 '사명'을 인식하고, '이웃'과 함께 성장하며, 지역 안에서 '변화'된 교회를 통하여 하나님 나라가 임하기를 '희망'합니다.

네 권의 책은 서로 긴밀하게 연결되어 있으며 모든 내용은 최종적으로 온전한 신앙인 됨과 교회됨을 지향합니다.

성경은 '온전한 신앙인 됨'과 '온전한 교회됨'이 하나님 나라와 그 시민 됨에 속해 있음을 전제합니다.《건강한 교회 세우기》시리즈를 중심으로 한 다양한 모임이 만들어지고, 이를 통하여 **하나님 나라를 향한 교회 바로 세우기**에 동참함으로써 사회와 다음 세대에 희망을 불어넣는 신앙인과 교회가 되기를 소망합니다.

임성빈

시리즈 활용법

✦

《건강한 교회 세우기》 시리즈는 하나님 나라와 공동선을 지향하며 신앙의 장성한 분량에 이르는 개인으로서의 교회, 공동체로서의 교회, 사회적 기구로서의 교회를 꿈꾸는 데서 시작되었습니다. 누구나 건강한 교회를 이루기를 간절히 바라지만, 무엇이 건강한 교회인지 설명하거나 현재 교회가 어떤 상태인지 확인하기 어려운 것이 사실입니다. 그리하여 구성원, 공동체, 제도와 사회적 기구 차원에서 교회를 비롯한 다양한 신앙 공동체가 신앙의 통전적 건강성을 가늠할 수 있도록 '교회의 건강성 측정을 위한 조사' 지표를 제작했습니다. 이 조사를 교회 출석자 1,000명과 가나안 성도 300명에게 시행하여 오늘날 한국교회의 건강성 정도를 확인해 볼 수 있었으며 그 결과는 이 책의 1부 한국교회 건강성 분석 리포트에 나와 있습니다.

이 지표는 성서학, 기독교 교육학, 기독교 윤리학과 기독교 문화학, 선교학의 여러 신학자와 사회학자, 설문조사 전문기관이 함께 준비한 것입니다. 특별히 하나님 나라를 향한 구체적인 신앙 지표로서의 공동선이 다양하게 표현되었습니다. 설문조사의 지표를 설정하기 위해 이론적 토대로서 신학자들의 연구가 전제되었으며, 그 내용은 이 책의 2부와 3부에 수록되어 있습니다. 건강한 교회를 열망하는 목회 지도자 및 신도들에게 깊이 있는 도움을 줄 수 있을 것입니다.

마지막에 첨부된 설문지 '교회의 건강성 측정을 위한 조사'는 우리가 더욱 온전한 신앙의 여정을 시작하기에 앞서 현 상황을 점검하고 중요한 이정표와 신앙의 성숙함을 향한 작은 푯대를 확인하는 데 활용할 수 있습니다. 특별히 목회자나 공동체 지도자들은 건강성에 대한 지표 설문조사를 통하여 단기, 중기, 장기적인 목회 기획을 구체적으로 세울 수 있다고 확신합니다. 신앙의 건강성과 통전성, 즉 성숙함을 가늠함으로써 개인/공동체/사회적 기구로서 개인과 기관을 진단함에 도움이 될 것입니다.

다음과 같이 《건강한 교회 세우기》 시리즈를 활용할 수 있습니다.

설문

이론편 『하나님 나라, 공동선, 교회』에 수록된 설문지 '교회의 건강성 측정을 위한 조사'로 개인적·공동체적·사회적이고 제도적 차원에서 회중과 공동체의 신앙의 온전성을 점검합니다. 그 결과를 건강한 교회를 세우는 단·중·장기 목회 기획과 성도의 신앙 양육에 참고합니다. 이때, 목회 기획은 설교, 교육, 선교, 사회봉사적 실천 등 목회의 전 분야에서 체계적이며 통전적으로 준비되어야 할 것입니다.

컨설팅

〈한국교회 희망 프로젝트〉로 컨설팅을 신청하시면 설문 분석 및 목회 기획 수립에 도움을 드립니다.

교육

설문 결과와 「한국교회 건강성 분석 리포트」(이론편 1부)를 참조하여 실전편 세 권의 책, 『나를 넘어서는 힘』개인 차원, 『하나님 나라를 품은 공동체』공동체 차원(근간), 『세상의 선물이 되는 교회』제도와 사회구성원 차원(근간)는 교회 항존직과 피택 항존직, 평신도 리더십 등 교육 교재로 활용합니다. 교회뿐만 아니라 다양한 공동체에서 건강한 신앙 공동체 만들기를 위한 도구로 사용될 수 있습니다.

본 프로젝트는 넓고 길고 높고 깊은 하나님의 은혜(엡 3:19), 즉 하나님의 엄청난 선물을 받은 신앙인은 귀중한 과제를 부여받는 청지기라는 사실에 주목합니다. 그 과제는 하나님 사랑, 이웃 사랑을 구체적으로 실천하는 것입니다. 과제를 성실히 수행할 때, 주님의 성육신하심과 십자가, 부활하심에 대한 믿음이 삶으로 나타날 것입니다. 특별히 교육 프로그램을 통한 배움과 나눔과 실천이 성도들 개인적으로나 공동체적으로 신앙인다운 신앙인, 신앙 공동체다운 신앙 공동체라는 구체적인 열매를 맺는 데 도움이 될 것을 기대합니다.

▶ QR코드를 통해 〈한국교회 희망 프로젝트〉 사이트로 오시면 컨설팅 신청 및 관련 자료들을 확인하실 수 있습니다.

1부

✳

한국교회
건강성
분석 리포트

1장 조사 개요

1 조사 목적

- 본 조사는 한국 개신교인(교회 출석자)들을 대상으로 개인 신앙 영역, 교회의 공동체성 영역, 그리고 교회의 사회구성원 영역 각각에 대해 건강성을 측정하여 종합적으로 한국교회 건강성 지표를 산출하기 위한 기초자료 수집을 목적으로 한다.
- 또한, 교회 출석자뿐 아니라 가나안 성도의 인식도 알아봄으로써 교회 출석자와 비교 분석을 통해 한국교회 건강성 관련 개선점을 도출하는 데 도움이 되는 자료를 제공한다.

2 조사 설계

구분	교회 출석자 조사	가나안 성도 조사
조사 대상	전국 만 19세 이상 교회 출석자	전국 만 19세 이상 가나안 성도
조사 방법	온라인 패널을 대상으로 한 온라인 조사(이메일을 통해 URL발송)	
표본 규모	총 1,000명(유효 표본)	총 300명(유효 표본)

028 1부 · 한국교회 건강성 분석 리포트

표본 추출	지역/성/연령별 개신교인 비례 할당	가나안 성도의 성/연령 비례 할당(기존 가나안 성도 대상 조사 응답자 기준-총 5개 조사의 1,314명 응답자 데이터 기준)
표본 오차	무작위 추출을 전제로 할 경우, 95% 신뢰 수준에서 ±3.1%p	무작위 추출을 전제로 할 경우, 95% 신뢰 수준에서 ±5.7%p
조사 기간	2022년 4월 21일 ~ 4월 25일	2022년 7월 29일 ~ 8월 12일
자료 처리	수집된 자료는 통계 패키지 SPSS 18.0 for Windows로 분석함	
조사 기관	㈜지앤컴리서치	

3 점수 산출 모델

본 조사의 한국교회 건강성 지표 점수는 '공동체', '사회구성원', '개인' 등 세 가지 영역(차원)의 하위 항목에 대한 평가 점수를 기반으로 산출한다. 공동체 영역 총 19개 문항, 사회구성원 영역 총 20개 문항, 개인 영역 총 25개 문항으로 구성, 총 64개의 항목에 대한 평가를 실시한다. 각 항목별 하위 항목 점수의 산술평균으로 세 가지 영역에 대한 영역 점수를 산출하며, '세 가지 영역 중 가장 중요하다고 생각되는 것'을 응답받아 주관적 중요도를 산출한다. 이렇게 산출된 각 영역 점수에 영역별 가중치를 곱한 후 합산하여 최종 교회 건강성 지표 점수를 산출한다.

• 한국교회 건강성 지표 산출 모델 •

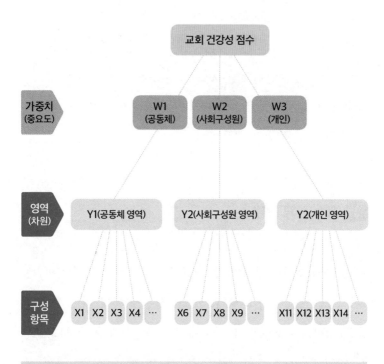

- 구성 항목 점수: 7점 척도 문항을 100점 만점으로 환산
  (1=100/7*1, 2=100/7*2, 3=100/7*3, 4=100/7*4, 5=100/7*5,
  6=100/7*6, 7=100/7*7)
  (점수 환산 시 '잘 모름'은 제외하고 산출함)

- 영역(차원) 점수: 각 영역(차원)별 하위 구성 항목 점수의 산술평균 [ex:
  Y1=(X1+X2+X3+X4......)/n] (n=구성항목 개수)
- 가중치 산출: 주관적 중요도 응답 비율로 산출(각 가중치의 총합은 '1')
- 교회 건강성 점수: 각 차원별 점수에 가중치를 곱한 후 합산하여 산출 [교회 건
  강성 점수=(Y1*W1)+(Y2*W2)+(Y3*W3)]

4 영역별 구성 항목

영역	항목
공동체	문1. 우리 교회는 '하나님 나라의 확장에 참여'라는 교회의 본질적 목적을 효과적으로 달성하고 있다
	문2. 우리 교회의 목회자와 리더들은 개인의 목표가 아니라 하나님의 뜻을 이루고자 노력한다
	문3. 우리 교회는 의사결정 과정에서 평신도들이 참여할 수 있는 통로가 열려 있다
	문4. 나는 우리 교회 예배 가운데 하나님의 임재를 경험한 적이 있다
	문5. 나는 우리 교회의 다른 지체들과 함께 예배드리는 것이 기쁘고 즐겁다
	문6. 우리 교회는 공적 예배뿐 아니라 하나님의 뜻에 따라 살고자 하는 삶의 예배도 매우 중요하게 여긴다
	문7. 우리 교회 교육 프로그램은 교육을 위한 교육이 아닌 성도 개개인의 성장을 돕는 데 초점이 맞춰져 있다
	문8. 우리 교회는 변화하는 세상의 문화와 가치관을 복음적으로 이해할 수 있는 기독교 세계관을 가르친다
	문9. 우리 교회는 지역사회의 이웃을 위한 사역을 많이 한다
	문10. 우리 교회 교인들은 나이, 직분, 사회적 지위 등을 초월해서 서로 아끼고 사랑한다
	문11. 코로나19 상황에서 우리 교회 소그룹 사람들은 온라인이든 오프라인이든 상관없이 모이기를 힘쓴다
	문12. 우리 교회는 사회적으로 소외된 사람들을 위해 기도한다
	문13. 우리 교회는 코로나19로 인해 어려움을 겪고 있는 교인들을 돕는다
	문14. 우리 교회는 공예배의 기도나 설교에서 이웃과 지역사회의 문제를 자주 언급한다

	문15. 우리 교회는 성도들의 건강과 안전을 위해 코로나19 방역 조치에 적극 협조한다
	문16. 우리 교회는 환경보호를 위해 리사이클링과 업사이클링 같은 상품의 재활용을 실천하고 있다
공동체	문17. 우리 교회는 다음 세대를 위한 복음 증거와 선교에 힘쓰고 있다
	문18. 우리 교회는 이웃과 지역사회를 위한 복음 증거와 선교에 힘쓰고 있다
	문19. 나는 우리 교회 사역에서 불가능해 보였던 일들이 하나님의 은혜로 이루어지는 것을 경험한 적이 있다
	문20. 우리 교회는 교회 구성원들의 의견을 잘 수용하고 반영하는 편이다
	문21. 우리 교회의 재정은 투명하게 사용되고 있다
	문22. 우리 교회는 의사결정 기구에 청년과 여성 대표를 할당하고 있다
	문23. 교회의 자산은 사회적 공공재의 일부로 볼 수 있다
	문24. 우리 교회는 사역 계획을 수립할 때 지역 주민들의 의견을 청취한다
	문25. 우리 교회는 교회 시설을 지역 주민들에게 개방한다
	문26. 우리 교회는 지역의 외부 단체들과 협력해서 자원봉사 활동을 진행한다
사회 구성원	문27. 우리 교회는 다른 교회와 협력하여 지역사회를 위한 활동에 참여한다
	문28. 우리 교회는 형편이 어려운 교회를 도와주려고 노력한다
	문29. 우리 교회는 우리 사회의 중요한 이슈에 대해 성경적 관점에서 의견을 제시한다
	문30. 우리 교회는 한국사회의 불평등 문제에 관심을 가진다
	문31. 우리 교회는 한국사회의 디지털 전환을 적극 수용한다
	문32. 우리 교회는 기후변화 문제에 관심을 가진다
	문33. 나는 우리 교회 공예배에서 성별, 장애인, 지역, 인종, 학력 등에 대한 차별/혐오 발언을 들은 적 있다(*역코딩)

	문34. 우리 교회는 교회 직원, 부교역자 등의 업무 환경 면에서 모범이 되고 있다
	문35. 신앙 공동체인 교회도 사회에 필요한 기구/영역 중 하나다
사회 구성원	문36. 우리 교회는 성도들이 일터에서 자신이 가진 지위, 권한, 능력을 사용하여 모범적인 직장을 만들어 가도록 가르치고 있다
	문37. 우리 교회는 사회적 약자를 위해 필요한 제도나 정책을 지지한다
	문38. 우리 교회는 나와 다른 의견을 경청하고 대화하는 문화가 잘 발달해 있다
	문39. 우리 교회는 공동선을 훼손하는 정치/경제/사회제도의 변화를 위해 공적인 의견을 제시하고 있다
	문40. 나는 문제가 생겼을 때 일의 주도권이 하나님께 있다고 믿고 기도한다
	문41. 나는 일주일 중에 하나님께 예배 드리는 시간이 가장 중요하다
	문42. 나는 자원하는 마음으로 주일헌금과 십일조를 드린다
	문43. 나는 죄의 유혹을 받을 때 하나님께서 기뻐하시지 않는 일이라고 생각해 거부한다
	문44. 나는 미디어를 통해 교회에 대한 부정적인 소식을 접하면 내가 하나님 앞에서 죄를 짓고 있다고 느낀다
개인	문45. 나는 성경을 읽고 기도하면서 하나님과 가까이 살아가고 있음을 느낀다
	문46. 나는 하나님께서 나에게 주신 은사와 재능을 공동체를 위해 사용하고 있다
	문47. 나는 나의 가족과 신앙적인 주제에 관해 편하게 대화한다
	문48. 나는 우리 교회의 성도들과 교제하는 것이 기쁘고 즐겁다
	문49. 나는 한 달에 한 번 이상 교회의 소그룹 모임에 참여하고 있다
	문50. 나는 교회에서 새로운 성도를 만나면 먼저 인사를 건네고 교회생활에 대해 이야기를 나눈다

개인	문51. 나는 교회에서 나와 다른 의견을 가지고 있는 성도들의 이야기를 듣는 것이 불편하다(*역코딩)
	문52. 나는 주변에서 어려움을 겪고 있는 이웃에 대한 소식을 들으면 규모에 상관없이 내가 가진 것을 나눈다
	문53. 나는 한 달에 한 번 이상 교회의 봉사활동에 정기적으로 참여한다
	문54. 나는 제직회 혹은 공동의회와 같은 교회의 의사결정 과정에 애정과 책임감을 느낀다
	문55. 나는 나의 몸이 하나님의 성전이라고 생각하며 음식과 기호식품(술, 담배 등)을 절제한다
	문56. 나는 내가 원하는 일을 추진하기 전에 먼저 그것이 과연 하나님의 뜻에 맞는지 알기 위해 충분히 기도한다
	문57. 나는 인터넷에서 기독교에 관한 이야기를 접하면 그것이 사이비 혹은 이단인지 아닌지 구별할 수 있다
	문58. 나는 일상에서 정직하게 답해야 하는 경우에 망설인다(*역코딩)
	문59. 나는 하나님께서 나의 인생에 특별한 계획을 갖고 계심을 믿으며 그것을 발견하기 위해 노력한다
	문60. 나는 우리 교회가 추구하는 비전이 무엇인지 잘 이해하고 있다
	문61. 나는 정치와 사회에 관한 뉴스 정보를 카카오톡, 유튜브 등 소셜미디어에 의존한다(*역코딩)
	문62. 기독교인으로서 정치와 사회 문제에 관심을 갖는 것은 불필요하다 (*역코딩)
	문63. 나는 지난 1년간 교회 밖 자원봉사 활동에 참여한 적이 있다
	문64. 우리 교회가 지역사회에서 어려운 이웃을 돕는 일에 나의 참여나 도움이 크게 중요하지 않다고 생각한다(*역코딩)

- 본 조사는 '공동체', '사회구성원', '개인'의 세 가지 영역으로 구성됨.
- '가나안 성도' 조사 중 '공동체' 및 '사회구성원' 영역 문항은 교회 출석자 문항의 '우리 교회'를 '내가 출석했던 교회'로 변경, 과거형 문장으로 진행함.
- 문11, 문13, 문15, 문31, 문32 등 최근 이슈와 관련한 문항은 가나안 성도 설문에서 제외함.
- *표시는 부정 문항으로, 점수 산출 시 '매우 그렇다(1점)~전혀 그렇지 않다(5점)'로 역코딩함.

1. 교회 출석자 조사 응답자 특성

		사례 수(1000)	비율(%)
성별	남성	(431)	43.1
	여성	(569)	56.9
연령	19~29세	(152)	15.2
	30대	(180)	18.0
	40대	(214)	21.4
	50대	(201)	20.1
	60세 이상	(253)	25.3
지역	서울	(245)	24.5
	경기/인천	(346)	34.6
	대전/충청	(103)	10.3
	광주/전라	(119)	11.9
	대구/경북	(66)	6.6
	부산/울산/경남	(87)	8.7
	강원/제주	(34)	3.4
결혼 여부	미혼	(283)	28.3
	기혼	(717)	71.7

직업	자영업	(98)	9.8
	블루컬러	(124)	12.4
	화이트컬러	(497)	49.7
	주부	(155)	15.5
	학생	(36)	3.6
	무직/기타	(90)	9.0
직분	중직자	(240)	24.0
	집사	(320)	32.0
	일반 성도	(440)	44.0
지난주 예배 형태	현장예배	(674)	67.4
	온라인예배	(194)	19.4
	방송+가정예배	(54)	5.4
	드리지 못함	(78)	7.8
예배 참석 빈도	매주	(698)	69.8
	월 2~3번	(218)	21.8
	월 1번 이하	(84)	8.4
교회봉사 여부	봉사	(586)	58.6
	비봉사	(414)	41.4
교회 규모	49명 이하	(187)	18.7
	50~299명	(354)	35.4
	300~999명	(237)	23.7
	1000명 이상	(222)	22.2

1부 · 한국교회 건강성 분석 리포트

신앙단계*	1단계	(154)	15.4
	2단계	(343)	34.3
	3단계	(336)	33.6
	4단계	(167)	16.7
가구 소득	399만원 이하	(333)	33.3
	400~799만원	(503)	50.3
	800만원 이상	(164)	16.4

*신앙단계 구분

1단계: 하나님을 믿지만, 그리스도에 대해서는 잘 모르겠다. 종교는 아직까지 내 삶에서 큰 비중을
차지하지 않는다.

2단계: 예수님을 믿으며 그분을 알기 위해 여러 가지 일을 하고 있다.

3단계: 그리스도와 가까이 있으며 거의 매일 그분의 인도하심에 의지한다.

4단계: 하나님은 내 삶의 전부이며 나는 그분으로 충분하다. 나의 모든 일은 그리스도를 드러낸다.

2. 가나안 성도 조사 응답자 특성

		사례 수(300)	비율(%)
성별	남성	(136)	45.3
	여성	(164)	54.7
연령	19~29세	(41)	13.7
	30대	(62)	20.7
	40대	(68)	22.7
	50대	(68)	22.7
	60세 이상	(61)	20.3
지역	서울	(97)	32.3
	경기/인천	(107)	35.7
	대전/충청	(27)	9.0
	광주/전라	(25)	8.3
	대구/경북	(14)	4.7
	부산/울산/경남	(19)	6.3
	강원/제주	(11)	3.7
직업	자영업	(24)	8.0
	블루컬러	(37)	12.3
	화이트컬러	(131)	43.7
	주부	(59)	19.7
	학생	(9)	3.0
	무직/기타	(40)	13.3

1부 · 한국교회 건강성 분석 리포트

결혼 여부	미혼	(108)	36.0
	기혼	(192)	64.0
가구 소득	399만원 이하	(120)	40.0
	400~799만원	(119)	39.7
	800만원 이상	(61)	20.3
교회 이탈 시 연령	20세 이전	(85)	28.3
	21~30세 사이	(73)	24.3
	31~40세 사이	(67)	22.3
	41세 이후	(75)	25.0
교회 이탈 연수	5년 이하	(82)	27.3
	6~10년	(69)	23.0
	11~20년	(64)	21.3
	21년 이상	(85)	28.3
신앙연수	10년 이하	(82)	27.3
	11~20년	(73)	24.3
	21~30년	(61)	20.3
	31년 이상	(84)	28.0
신앙단계	1단계	(157)	52.3
	2단계	(94)	31.3
	3단계	(34)	11.3
	4단계	(15)	5.0

2장 조사 결과

I. 교회 출석자 조사

1 항목별 점수

1. 공동체 영역

공동체 영역의 항목별 점수는 모든 문항이 76점 이상으로 양호
했다. 특히 '우리 교회는 성도들의 건강과 안전을 위해 코로나
19 방역 조치에 적극 협조한다'의 점수가 가장 높았으며, '우리
교회는 공적 예배뿐 아니라 하나님의 뜻에 따라 살고자 하는
삶의 예배도 매우 중요하게 여긴다'도 85점으로 높게 나타났
다. 종합해 보면, **사회의 안전에 협조하는 공동체의 모습**과 **일상
생활에서 신앙인으로서 삶의 예배** 영역에 대해 높은 평가를 한
특징이 보인다.

• 공동체 영역 항목별 점수(100점 기준) •

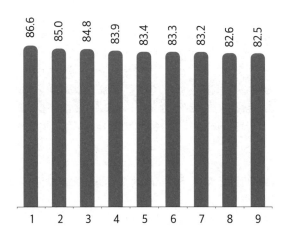

86.6	85.0	84.8	83.9	83.4	83.3	83.2	82.6	82.5
1	2	3	4	5	6	7	8	9

1 우리 교회는 성도들의 건강과 안전을 위해 코로나19 방역 조치에 적극 협조한다
2 우리 교회는 공적 예배뿐 아니라 하나님의 뜻에 따라 살고자 하는 삶의 예배도 매우 중요하게 여긴다
3 우리 교회의 목회자와 리더들은 개인의 목표가 아니라 하나님의 뜻을 이루고자 노력한다
4 우리 교회는 이웃과 지역사회를 위한 복음 증거와 선교에 힘쓰고 있다
5 우리 교회는 다음 세대를 위한 복음 증거와 선교에 힘쓰고 있다
6 우리 교회는 사회적으로 소외된 사람들을 위해 기도한다
7 우리 교회는 '하나님 나라의 확장에 참여'라는 교회의 본질적 목적을 효과적으로 달성하고 있다
8 나는 우리 교회의 다른 지체들과 함께 예배드리는 것이 기쁘고 즐겁다
9 우리 교회는 지역사회의 이웃을 위한 사역을 많이 한다

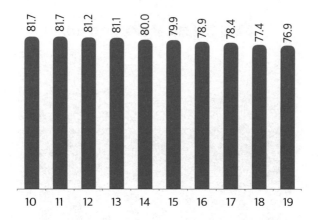

10 우리 교회 교인들은 나이, 직분, 사회적 지위 등을 초월해서 서로 아끼고 사랑한다

11 우리 교회는 코로나19로 인해 어려움을 겪고 있는 교인들을 돕는다

12 우리 교회는 의사결정 과정에서 평신도들이 참여할 수 있는 통로가 열려 있다

13 우리 교회는 변화하는 세상의 문화와 가치관을 복음적으로 이해할 수 있는 기독교 세계관을 가르친다

14 나는 우리 교회 사역에서 불가능해 보였던 일들이 하나님의 은혜로 이루어지는 것을 경험한 적이 있다

15 우리 교회 교육 프로그램은 교육을 위한 교육이 아닌 성도 개개인의 성장을 돕는 데 초점이 맞춰져 있다

16 우리 교회는 공예배의 기도나 설교에서 이웃과 지역사회의 문제를 자주 언급한다

17 코로나19 상황에서 우리 교회 소그룹 사람들은 온라인이든 오프라인이든 상관없이 모이기를 힘쓴다

18 우리 교회는 환경보호를 위해 리사이클링과 업사이클링 같은 상품의 재활용을 실천하고 있다

19 나는 우리 교회 예배 가운데 하나님의 임재를 경험한 적이 있다

2. 사회구성원 영역

사회구성원 영역의 항목에서는 '우리 교회는 형편이 어려운 교회를 도와주려고 노력한다'는 공교회적인 노력과 '우리 교회의 재정은 투명하게 사용되고 있다', '신앙 공동체인 교회도 사회에 필요한 기구/영역 중 하나다' 등이 82점 이상으로 높게 나타났다. '나는 우리 교회 공예배에서 성별, 장애인, 지역, 인종, 학력 등에 대한 차별/혐오 발언을 들은 적 있다'에 대해서는 상대적으로 점수가 낮았는데, 교회 내 목회자 등이 인지하지 못한 채 차별/혐오 발언을 하는 경우가 없는지 주의 깊게 돌아볼 필요가 있다. 전체적으로 **공교회로서의 역할, 재정 투명성, 약자를 돕는 사회적 기구로서의 역할**에 대해 높은 점수를 주고 있다.

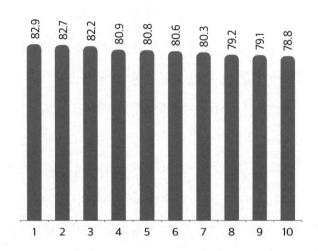

• 사회구성원 영역 항목별 점수(100점 기준) •

82.9 82.7 82.2 80.9 80.8 80.6 80.3 79.2 79.1 78.8

1 2 3 4 5 6 7 8 9 10

1 우리 교회는 형편이 어려운 교회를 도와주려고 노력한다
2 우리 교회의 재정은 투명하게 사용되고 있다
3 신앙 공동체인 교회도 사회에 필요한 기구/영역 중 하나다
4 우리 교회는 사회적 약자를 위해 필요한 제도나 정책을 지지한다
5 우리 교회는 우리 사회의 중요한 이슈에 대해 성경적 관점에서 의견을 제시
   한다
6 우리 교회는 교회 구성원들의 의견을 잘 수용하고 반영하는 편이다
7 우리 교회는 성도들이 일터에서 자신이 가진 지위, 권한, 능력을 사용하여
   모범적인 직장을 만들어 가도록 가르치고 있다
8 우리 교회는 교회 직원, 부교역자 등의 업무 환경 면에서 모범이 되고 있다
9 우리 교회는 다른 교회와 협력하여 지역사회를 위한 활동에 참여한다
10 우리 교회는 나와 다른 의견을 경청하고 대화하는 문화가 잘 발달해 있다

　　　　　　　1부 · 한국교회 건강성 분석 리포트

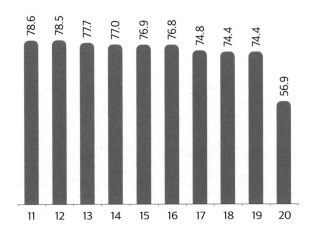

11 교회의 자산은 사회적 공공재의 일부로 볼 수 있다
12 우리 교회는 한국사회의 디지털 전환을 적극 수용한다
13 우리 교회는 지역의 외부 단체들과 협력해서 자원봉사 활동을 진행한다
14 우리 교회는 의사결정 기구에 청년과 여성 대표를 할당하고 있다
15 우리 교회는 교회 시설을 지역 주민들에게 개방한다
16 우리 교회는 한국사회의 불평등 문제에 관심을 가진다
17 우리 교회는 기후변화 문제에 관심을 가진다
18 우리 교회는 공동선을 훼손하는 정치/경제/사회제도의 변화를 위해 공적인
   의견을 제시하고 있다
19 우리 교회는 사역 계획을 수립할 때 지역 주민들의 의견을 청취한다
20 나는 우리 교회 공예배에서 성별, 장애인, 지역, 인종, 학력 등에 대한 차별/
   혐오 발언을 들은 적이 있다

3. 개인 영역

개인 차원의 영역은 앞선 두 영역보다 전반적으로 낮은 점수대를 나타냈다. '나는 문제가 생겼을 때 일의 주도권이 하나님께 있다고 믿고 기도한다'에 대한 점수가 78.3점으로 가장 높았고, '나는 교회에서 나와 다른 의견을 가지고 있는 성도들의 이야기를 듣는 것이 불편하다', '나는 정치와 사회에 관한 뉴스 정보를 카카오톡, 유튜브 등 소셜미디어에 의존한다', '나는 일상에서 정직하게 답해야 하는 경우에 망설인다'의 점수는 50점대 초반으로 매우 낮게 나타났다. 이러한 결과는 개인의 일상적 삶과 신앙 인식의 괴리에 의한 것으로 보인다. 교회에서의 모습이 어떠하든 세상에서는 다양한 미디어에 노출되고, 교회 문화와 전혀 다른 문화 속에서 살아야 하는 실제 모습을 표현한 것으로 짐작된다. 전체적으로 개인 영역에서는 **하나님과 자신과의 관계에 대해 상대적으로 높은 점수**를 보였다.

• 개인 영역 항목별 점수(100점 기준) •

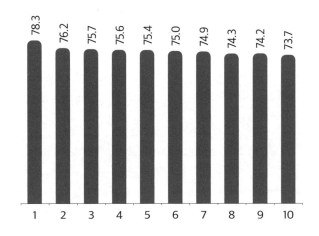

1 나는 문제가 생겼을 때 일의 주도권이 하나님께 있다고 믿고 기도한다
2 나는 일주일 중에 하나님께 예배 드리는 시간이 가장 중요하다
3 나는 자원하는 마음으로 주일헌금과 십일조를 드린다
4 나는 죄의 유혹을 받을 때 하나님께서 기뻐하시지 않는 일이라고 생각해 거부한다
5 나는 하나님께서 나의 인생에 특별한 계획을 갖고 계심을 믿으며 그것을 발견하기 위해 노력한다
6 나는 성경을 읽고 기도하면서 하나님과 가까이 살아가고 있음을 느낀다
7 나는 우리 교회가 추구하는 비전이 무엇인지 잘 이해하고 있다
8 나는 나의 몸이 하나님의 성전이라고 생각하며 음식과 기호식품(술, 담배 등)을 절제한다
9 나는 우리 교회의 성도들과 교제하는 것이 기쁘고 즐겁다
10 나는 인터넷에서 기독교에 관한 이야기를 접하면 그것이 사이비 혹은 이단인지 아닌지 구별할 수 있다

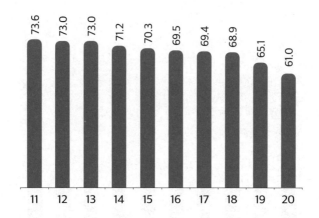

11 (소그룹 있는 자) 나는 한 달에 한 번 이상 교회의 소그룹 모임에 참여하고 있다

12 나는 나의 가족과 신앙적인 주제에 관해 편하게 대화한다

13 나는 내가 원하는 일을 추진하기 전에 먼저 그것이 과연 하나님의 뜻에 맞는지 알기 위해 충분히 기도한다

14 나는 하나님께서 나에게 주신 은사와 재능을 공동체를 위해 사용하고 있다

15 나는 교회에서 새로운 성도를 만나면 먼저 인사를 건네고 교회생활에 대해 이야기를 나눈다

16 나는 주변에서 어려움을 겪고 있는 이웃에 대한 소식을 들으면 규모에 상관없이 내가 가진 것을 나눈다

17 나는 제직회 혹은 공동의회와 같은 교회의 의사결정 과정에 애정과 책임감을 느낀다

18 나는 미디어를 통해 교회에 대한 부정적인 소식을 접하면 내가 하나님 앞에서 죄를 짓고 있다고 느낀다

19 나는 한 달에 한 번 이상 교회의 봉사활동에 정기적으로 참여한다

20 나는 지난 1년간 교회 밖 자원봉사 활동에 참여한 적이 있다

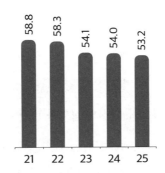

21 우리 교회가 지역사회에서 어려운 이웃을 돕는 일에 나의 참여나 도움이 크게 중요하지 않다고 생각한다

22 기독교인으로서 정치와 사회 문제에 관심을 갖는 것은 불필요하다

23 나는 교회에서 나와 다른 의견을 가지고 있는 성도들의 이야기를 듣는 것이 불편하다

24 나는 정치와 사회에 관한 뉴스 정보를 카카오톡, 유튜브 등 소셜미디어에 의존한다

25 나는 일상에서 정직하게 답해야 하는 경우에 망설인다

위의 각 항목별 점수의 산술평균으로 영역별 점수를 산출했다. '공동체 영역'의 점수가 평균 81.9점으로 가장 높았고, '사회구성원 영역'이 77.8점, '개인 영역' 점수가 69점으로 가장 낮게 나타났다. **한국인은 자기 자신의 영적 건강성에 대해 보다 엄격한 잣대를 가지고 있으며, 자신의 교회를 평가하는 데 있어서는 상대적으로 관대한 특징**을 보인다. 전반적으로 자신에 대한 겸양적인 성향이 있는 한국인의 특성이 드러나는 결과다. 또한, 자신의 출석교회는 여러 주관적 기준에 의해 본인이 직접 선택한 곳이므로 교회에 대해서는 이미 어느 정도 만족과 호의를 가지고 있는 경우가 대부분이다. 이러한 배경에서 **공동체에 대한 점수가 가장 높게 나타난 것**으로 보인다.

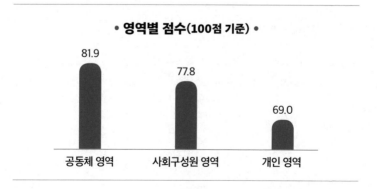

• **영역별 점수(100점 기준)** •

1. 영역별 점수-연령별

영역별 점수를 연령별로 살펴보면, **교회를 이루는 세 가지 영역에서 모두 연령이 높을수록 점수가 높아지는 현상**을 보였다. 다만 2030세대의 경우 30대가 20대보다 상대적으로 더 낮은 점수를 보이고 있어 주목된다.

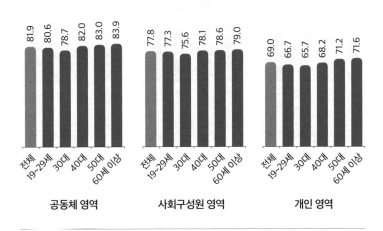

• 영역별 점수-연령별(100점 기준) •

	공동체 영역	사회구성원 영역	개인 영역
전체	81.9	77.8	69.0
19-29세	80.6	77.3	66.7
30대	78.7	75.6	65.7
40대	82.0	78.1	68.2
50대	83.0	78.6	71.2
60세 이상	83.9	79.0	71.6

2. 영역별 점수-직분별

직분별로는 '일반 성도' 〈 '집사' 〈 '중직자'의 순으로 점수가
높아졌다.

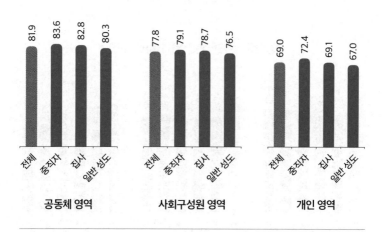

• 영역별 점수-직분별(100점 기준) •

공동체 영역
- 전체 81.9
- 중직자 83.6
- 집사 82.8
- 일반 성도 80.3

사회구성원 영역
- 전체 77.8
- 중직자 79.1
- 집사 78.7
- 일반 성도 76.5

개인 영역
- 전체 69.0
- 중직자 72.4
- 집사 69.1
- 일반 성도 67.0

3. 영역별 점수-교회 규모별

교회 규모별로 살펴보면, '공동체 영역'과 '사회구성원 영역'은 교회 규모가 클수록 점수가 높아지는 경향을 보였고, '개인 영역' 점수는 교회 규모와 큰 상관이 없었다. 즉, 대형교회일수록 여러 가지 내/외부 조건이 풍족하기에 공동체로서 평가가 높고, 교회의 사회적 역할도 잘해 나가고 있음을 추측할 수 있다. 그러나 개인의 신앙은 교회 규모와는 별개의 영역으로 나타났다.

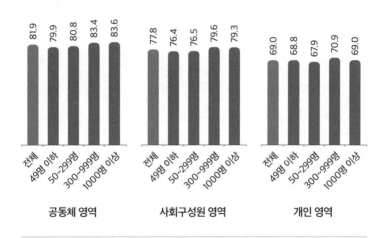

• 영역별 점수-교회 규모별(100점 기준) •

	공동체 영역					사회구성원 영역					개인 영역				
	전체	49명 이하	50~299명	300~999명	1000명 이상	전체	49명 이하	50~299명	300~999명	1000명 이상	전체	49명 이하	50~299명	300~999명	1000명 이상
	81.9	79.9	80.8	83.4	83.6	77.8	76.4	76.5	79.6	79.3	69.0	68.8	67.9	70.9	69.0

4. 영역별 점수-신앙단계별

신앙단계별로 각 영역에 대한 평가 점수는 분명한 차이를 보였다. **신앙단계가 높을수록 세 영역에 대한 점수가 모두 높아지는 경향이 뚜렷했다.**

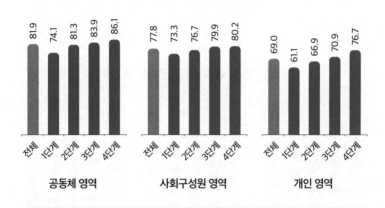

● **영역별 점수-신앙단계별(100점 기준)** ●

공동체 영역 · 사회구성원 영역 · 개인 영역

*신앙단계 구분
1단계: 하나님을 믿지만, 그리스도에 대해서는 잘 모르겠다. 종교는 아직까지 내 삶에서 큰 비중을
    차지하지 않는다.
2단계: 예수님을 믿으며 그분을 알기 위해 여러 가지 일을 하고 있다.
3단계: 그리스도와 가까이 있으며 거의 매일 그분의 인도하심에 의지한다.
4단계: 하나님은 내 삶의 전부이며 나는 그분으로 충분하다. 나의 모든 일은 그리스도를 드러낸다.

    1부 · 한국교회 건강성 분석 리포트

5. 영역별 점수-연령×신앙단계별

연령별×신앙단계별 영역 점수를 살펴보면, '공동체 영역'에서 2030세대는 1단계의 점수가 낮고 2~4단계는 큰 차이가 없다. 반면, 40대 이상부터는 신앙단계와 점수가 비례하여 높아지는 경향을 보였다. 즉, 2030세대는 신앙단계가 높아도 공동체 영역에 높은 평가를 하지 않았다는 점이 특징이다. '사회구성원 영역'에서는 2030세대 중 4단계 신앙을 가진 자들의 점수가 낮은데, 이는 곧 깊은 신앙을 가지고 있는 2030세대는 오히려 교회의 사회적 역할에 대해 낮게 평가하고 있음을 나타낸다. '개인 영역'에서는 전 연령대에서 신앙단계가 높을수록 점수가 높아지는 경향을 보였다.

● 영역별 점수-연령×신앙단계별(100점 기준) ●

공동체 영역

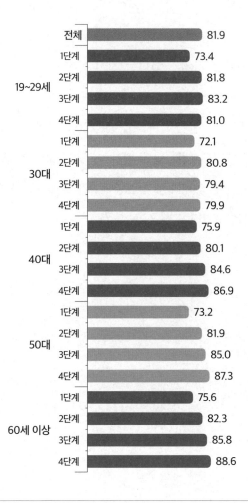

전체		81.9
19~29세	1단계	73.4
	2단계	81.8
	3단계	83.2
	4단계	81.0
30대	1단계	72.1
	2단계	80.8
	3단계	79.4
	4단계	79.9
40대	1단계	75.9
	2단계	80.1
	3단계	84.6
	4단계	86.9
50대	1단계	73.2
	2단계	81.9
	3단계	85.0
	4단계	87.3
60세 이상	1단계	75.6
	2단계	82.3
	3단계	85.8
	4단계	88.6

● 영역별 점수-연령×신앙단계별(100점 기준) ●

사회구성원 영역

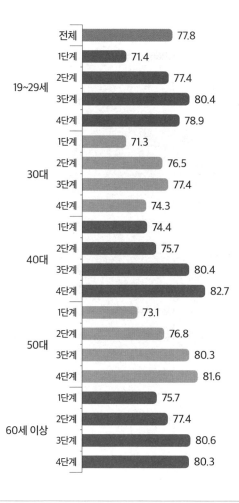

전체		77.8
	1단계	71.4
19~29세	2단계	77.4
	3단계	80.4
	4단계	78.9
	1단계	71.3
30대	2단계	76.5
	3단계	77.4
	4단계	74.3
	1단계	74.4
40대	2단계	75.7
	3단계	80.4
	4단계	82.7
	1단계	73.1
50대	2단계	76.8
	3단계	80.3
	4단계	81.6
	1단계	75.7
60세 이상	2단계	77.4
	3단계	80.6
	4단계	80.3

• 영역별 점수-연령×신앙단계별(100점 기준) •

개인 영역

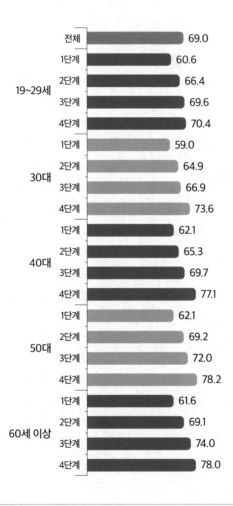

구분		점수
전체		69.0
19~29세	1단계	60.6
	2단계	66.4
	3단계	69.6
	4단계	70.4
30대	1단계	59.0
	2단계	64.9
	3단계	66.9
	4단계	73.6
40대	1단계	62.1
	2단계	65.3
	3단계	69.7
	4단계	77.1
50대	1단계	62.1
	2단계	69.2
	3단계	72.0
	4단계	78.2
60세 이상	1단계	61.6
	2단계	69.1
	3단계	74.0
	4단계	78.0

3 중요도(가중치)

세 가지 영역에 대한 중요도를 물었을 때, '**개인 차원에서의 교회'가 가장 중요하다고 응답한 비율이 48.4%로 절반 가까이 차지**했다. 앞선 평가에 있어서는 개인 영역에 대한 평가가 낮았으나, **교회가 건강하려면 개인의 영성이 뒷받침되어야 한다는 인식**을 엿볼 수 있다. '공동체로서의 교회'가 가장 중요하다는 응답은 36.5%였으며, '사회구성원으로서의 교회'가 가장 중요하다는 응답은 15.1%로 가장 낮게 나타났다. 전체적으로 한국의 개신교인들교회 출석자은 **교회의 건강성을 평가할 때 '사회적 역할'을 단지 15% 정도의 비중으로 인식**하는 것을 알 수 있다.

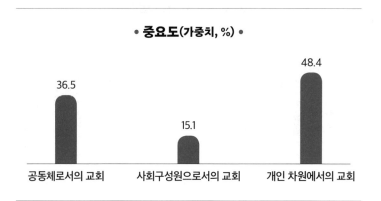

• **중요도(가중치, %)** •

| 공동체로서의 교회 | 사회구성원으로서의 교회 | 개인 차원에서의 교회 |
| 36.5 | 15.1 | 48.4 |

1. 중요도(가중치)-연령별

연령별 중요도 응답을 살펴보면, **20대는 '개인'을 응답한 비율이 매우 높게 나타났으며, 30대는 상대적으로 '공동체'를 중시하는 경향**을 보였다. 또한, **연령이 높을수록 '개인'을 중시하는 비율이 낮아지는 경향성**을 보였다. 특이한 점은 일반적으로 2030세대는 '교회의 사회적 역할'에 대해 기성세대보다 더 중요하게 여기는 것으로 알려져 있는데, 이번 설문처럼 다양한 관련 속성을 제시하고 평가하게 하여 점수를 합해 본 결과는 의외로 '개인 영역'에서의 점수가 높고, '사회구성원 영역'에서는 기성세대보다 오히려 낮은 점수를 보였다.

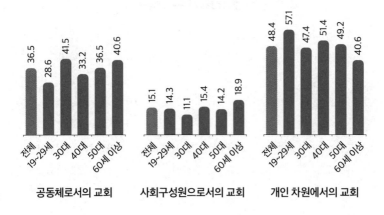

● **중요도(가중치)-연령별(%)** ●

공동체로서의 교회
전체 36.5 / 19~29세 28.6 / 30대 41.5 / 40대 33.2 / 50대 36.5 / 60세 이상 40.6

사회구성원으로서의 교회
전체 15.1 / 19~29세 14.3 / 30대 11.1 / 40대 15.4 / 50대 14.2 / 60세 이상 18.9

개인 차원에서의 교회
전체 48.4 / 19~29세 57.1 / 30대 47.4 / 40대 51.4 / 50대 49.2 / 60세 이상 40.6

2. 중요도(가중치)-직분별

직분별 중요도 응답을 살펴보면 **중직자는 '공동체'를 중시하는**
성향이 상대적으로 강했으며, **집사와 일반 성도는 '개인 차원'을**
상대적으로 더 중시하는 특징이 나타났다.

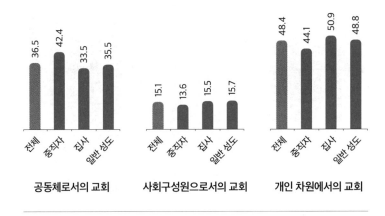

• **중요도(가중치)-직분별(%)** •

공동체로서의 교회
전체 36.5 / 중직자 42.4 / 집사 33.5 / 일반 성도 35.5

사회구성원으로서의 교회
전체 15.1 / 중직자 13.6 / 집사 15.5 / 일반 성도 15.7

개인 차원에서의 교회
전체 48.4 / 중직자 44.1 / 집사 50.9 / 일반 성도 48.8

3. 중요도(가중치)-교회 규모별

교회 규모별로는, 49명 이하 소형교회에서 상대적으로 '공동체' 를 가장 중시하는 특징이 보였다. 반면 1,000명 이상 **대형교회** 의 경우 '개인 차원'을 상대적으로 더 중시하는 경향이 나타났다.

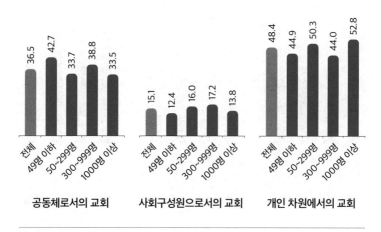

● **중요도(가중치)-교회 규모별(%)** ●

공동체로서의 교회
- 전체: 36.5
- 49명 이하: 42.7
- 50~299명: 33.7
- 300~999명: 38.8
- 1000명 이상: 33.5

사회구성원으로서의 교회
- 전체: 15.1
- 49명 이하: 12.4
- 50~299명: 16.0
- 300~999명: 17.2
- 1000명 이상: 13.8

개인 차원에서의 교회
- 전체: 48.4
- 49명 이하: 44.9
- 50~299명: 50.3
- 300~999명: 44.0
- 1000명 이상: 52.8

4. 중요도(가중치)-신앙단계별

신앙단계가 높아질수록 '공동체'를 중시하는 비율이 높아지며, 신앙단계가 낮을수록 '사회구성원'을 중시하는 비율이 높아졌다. 신앙단계가 낮은 교인들은 '사회구성원으로서의 교회'보다 '개인 차원'을 상대적으로 더 중시하는 특징이 나타났다.

• 중요도(가중치)-신앙단계별(%) •

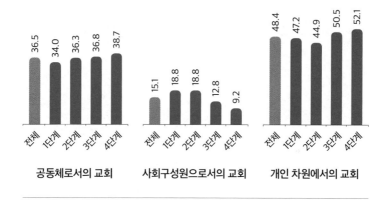

공동체로서의 교회   사회구성원으로서의 교회   개인 차원에서의 교회

5. 중요도(가중치)-연령×신앙단계별

연령별×신앙단계별 중요도를 살펴보면, **30대는 신앙단계가 낮을수록 '사회구성원'을 상대적으로 더 중시**하는 특징이 나타났고, **20대는 신앙단계가 낮을수록 '개인 차원'을 상대적으로 더 중시**하는 특징을 보였다.

• 중요도(가중치)-연령×신앙단계별(%) •

공동체로서의 교회

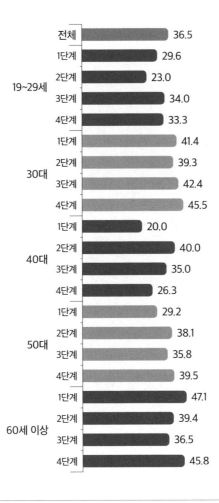

전체		36.5
19~29세	1단계	29.6
	2단계	23.0
	3단계	34.0
	4단계	33.3
30대	1단계	41.4
	2단계	39.3
	3단계	42.4
	4단계	45.5
40대	1단계	20.0
	2단계	40.0
	3단계	35.0
	4단계	26.3
50대	1단계	29.2
	2단계	38.1
	3단계	35.8
	4단계	39.5
60세 이상	1단계	47.1
	2단계	39.4
	3단계	36.5
	4단계	45.8

• 중요도(가중치)-연령×신앙단계별(%) •

사회구성원으로서의 교회

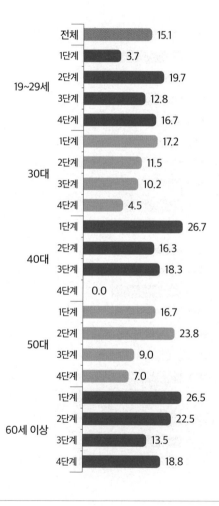

전체		15.1
19~29세	1단계	3.7
	2단계	19.7
	3단계	12.8
	4단계	16.7
30대	1단계	17.2
	2단계	11.5
	3단계	10.2
	4단계	4.5
40대	1단계	26.7
	2단계	16.3
	3단계	18.3
	4단계	0.0
50대	1단계	16.7
	2단계	23.8
	3단계	9.0
	4단계	7.0
60세 이상	1단계	26.5
	2단계	22.5
	3단계	13.5
	4단계	18.8

• 중요도(가중치)-연령×신앙단계별(%) •

개인 차원에서의 교회

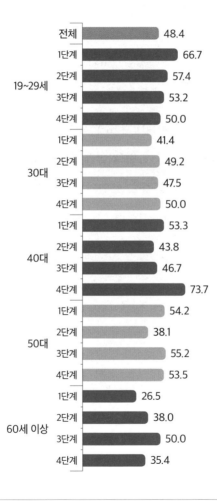

전체		48.4
19~29세	1단계	66.7
	2단계	57.4
	3단계	53.2
	4단계	50.0
30대	1단계	41.4
	2단계	49.2
	3단계	47.5
	4단계	50.0
40대	1단계	53.3
	2단계	43.8
	3단계	46.7
	4단계	73.7
50대	1단계	54.2
	2단계	38.1
	3단계	55.2
	4단계	53.5
60세 이상	1단계	26.5
	2단계	38.0
	3단계	50.0
	4단계	35.4

4 건강성 지표 종합 점수

세 가지 영역에 대한 영역별 점수와 가중치를 합산하여 종합 점수를 산출했다. **전체 건강성 지표 점수는 75점으로 어느 정도 양호한 수준**을 보였다. 직분과 신앙단계가 높을수록 점수가 높았으며, 교회 규모별로는 뚜렷한 특징이 보이지 않아 교회 규모와 건강성은 큰 상관관계가 없음을 알 수 있다.

연령별에서, 특히 **2030세대의 경우 출석교회 건강성에 대해 그들보다 연령이 높은 그룹에 비해 상대적으로 낮게 나타났고, 전체 평균 점수보다 낮은 특성**을 보였다. 이는 전 연령 중에서 2030세대의 교회 이탈률이 그만큼 상대적으로 높을 수 있음을 보여 주고 있다.

• 건강성 지표 점수(100점 기준) •

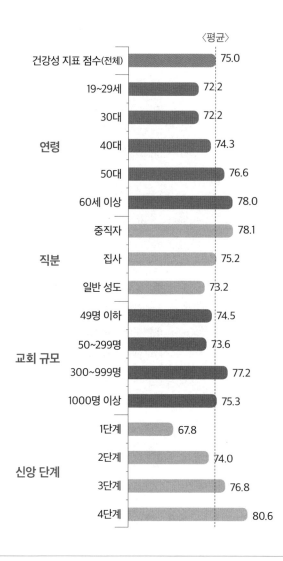

〈평균〉

구분	항목	점수
	건강성 지표 점수(전체)	75.0
연령	19~29세	72.2
	30대	72.2
	40대	74.3
	50대	76.6
	60세 이상	78.0
직분	중직자	78.1
	집사	75.2
	일반 성도	73.2
교회 규모	49명 이하	74.5
	50~299명	73.6
	300~999명	77.2
	1000명 이상	75.3
신앙 단계	1단계	67.8
	2단계	74.0
	3단계	76.8
	4단계	80.6

건강성 지표 점수(100점 기준)

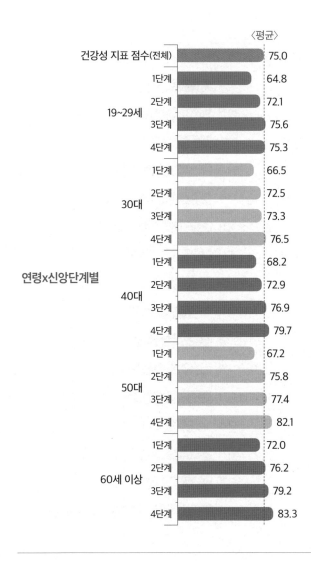

		〈평균〉
건강성 지표 점수(전체)		75.0
19~29세	1단계	64.8
	2단계	72.1
	3단계	75.6
	4단계	75.3
30대	1단계	66.5
	2단계	72.5
	3단계	73.3
	4단계	76.5
연령x신앙단계별 40대	1단계	68.2
	2단계	72.9
	3단계	76.9
	4단계	79.7
50대	1단계	67.2
	2단계	75.8
	3단계	77.4
	4단계	82.1
60세 이상	1단계	72.0
	2단계	76.2
	3단계	79.2
	4단계	83.3

II. 교회 출석자와 가나안 성도 조사 결과 비교

1 항목별 점수 비교-교회 출석자와 가나안 성도

1. 공동체 영역

교회 출석자와 가나안 성도의 '공동체 영역' 항목별 점수를 비교해 보면, '나는 우리 교회 예배 가운데 하나님의 임재를 경험한 적이 있다'와 '나는 우리 교회 사역에서 불가능해 보였던 일들이 하나님의 은혜로 이루어지는 것을 경험한 적이 있다'의 점수 차이가 가장 크게 나타남을 알 수 있다. 즉, **교회 사역이나 예배 가운데 하나님의 은혜를 경험하지 못한 자들이 교회 이탈 가능성이 클 것으로 예상할 수 있어 교회의 본질적 역할에 충실한 것이 교회 건강성을 높이는 길임**을 알 수 있다.

* '가나안 성도' 조사 중 '공동체' 및 '사회구성원' 영역 문항은 교회 출석자 문항의 '우리 교회'를 '내가 출석했던 교회'로 변경, 과거형 문장으로 진행함.

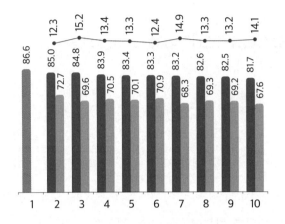

• 항목별 점수 비교-공동체 영역(100점 기준) •

■ 교회 출석자
■ 가나안 성도
◆ 점수 차

	1	2	3	4	5	6	7	8	9	10
교회 출석자	86.6	85.0	84.8	83.9	83.4	83.3	83.2	82.6	82.5	81.7
가나안 성도		72.7	69.6	70.5	70.1	70.9	68.3	69.3	69.2	67.6
점수 차		12.3	15.2	13.4	13.3	12.4	14.9	13.3	13.2	14.1

1 우리 교회는 성도들의 건강과 안전을 위해 코로나19 방역 조치에 적극 협조한다

2 우리 교회는 공적 예배뿐 아니라 하나님의 뜻에 따라 살고자 하는 삶의 예배도 매우 중요하게 여긴다

3 우리 교회의 목회자와 리더들은 개인의 목표가 아니라 하나님의 뜻을 이루고자 노력한다

4 우리 교회는 이웃과 지역사회를 위한 복음 증거와 선교에 힘쓰고 있다

5 우리 교회는 다음 세대를 위한 복음 증거와 선교에 힘쓰고 있다

6 우리 교회는 사회적으로 소외된 사람들을 위해 기도한다

7 우리 교회는 '하나님 나라의 확장에 참여'라는 교회의 본질적 목적을 효과적으로 달성하고 있다

8 나는 우리 교회의 다른 지체들과 함께 예배드리는 것이 기쁘고 즐겁다

9 우리 교회는 지역사회의 이웃을 위한 사역을 많이 한다

10 우리 교회 교인들은 나이, 직분, 사회적 지위 등을 초월해서 서로 아끼고 사랑한다

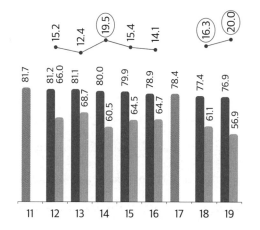

교회 출석자
■ 가나안 성도
점수 차

11 우리 교회는 코로나19로 인해 어려움을 겪고 있는 교인들을 돕는다

12 우리 교회는 의사결정 과정에서 평신도들이 참여할 수 있는 통로가 열려 있다

13 우리 교회는 변화하는 세상의 문화와 가치관을 복음적으로 이해할 수 있는 기독교 세계관을 가르친다

14 나는 우리 교회 사역에서 불가능해 보였던 일들이 하나님의 은혜로 이루어지는 것을 경험한 적이 있다

15 우리 교회 교육 프로그램은 교육을 위한 교육이 아닌 성도 개개인의 성장을 돕는 데 초점이 맞춰져 있다

16 우리 교회는 공예배의 기도나 설교에서 이웃과 지역사회의 문제를 자주 언급한다

17 코로나19 상황에서 우리 교회 소그룹 사람들은 온라인이든 오프라인이든 상관없이 모이기를 힘쓴다

18 우리 교회는 환경보호를 위해 리사이클링과 업사이클링 같은 상품의 재활용을 실천하고 있다

19 나는 우리 교회 예배 가운데 하나님의 임재를 경험한 적이 있다

2. 사회구성원 영역

'사회구성원 영역'의 항목 중 교회 출석자와 가나안 성도가 가장 큰 점수 차를 보인 항목은 '우리 교회의 재정은 투명하게 사용되고 있다'였다. 이와 관련하여 기독교윤리실천운동의 일반 국민을 대상으로 한 '한국교회의 사회적 신뢰도 조사'(2020.01)에서 한국교회의 신뢰도 제고를 위한 개선점으로 '불투명한 재정 사용'이 1위로 지적됐는데, **교회 이탈자를 포함한 일반 국민의 시각에서 교회의 '투명한 재정 사용'이 교회 건강성의 중요한 요소**임을 알 수 있다.

• 항목별 점수 비교-사회구성원 영역(100점 기준) •

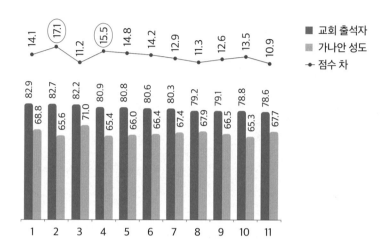

1 우리 교회는 형편이 어려운 교회를 도와주려고 노력한다
2 우리 교회의 재정은 투명하게 사용되고 있다
3 신앙 공동체인 교회도 사회에 필요한 기구/영역 중 하나다
4 우리 교회는 사회적 약자를 위해 필요한 제도나 정책을 지지한다
5 우리 교회는 우리 사회의 중요한 이슈에 대해 성경적 관점에서 의견을 제시
   한다
6 우리 교회는 교회 구성원들의 의견을 잘 수용하고 반영하는 편이다
7 우리 교회는 성도들이 일터에서 자신이 가진 지위, 권한, 능력을 사용하여
   모범적인 직장을 만들어 가도록 가르치고 있다
8 우리 교회는 교회 직원, 부교역자 등의 업무 환경 면에서 모범이 되고 있다
9 우리 교회는 다른 교회와 협력하여 지역사회를 위한 활동에 참여한다
10 우리 교회는 나와 다른 의견을 경청하고 대화하는 문화가 잘 발달해 있다
11 교회의 자산은 사회적 공공재의 일부로 볼 수 있다

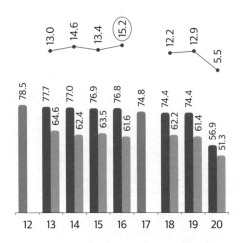

12 우리 교회는 한국사회의 디지털 전환을 적극 수용한다
13 우리 교회는 지역의 외부 단체들과 협력해서 자원봉사 활동을 진행한다
14 우리 교회는 의사결정 기구에 청년과 여성 대표를 할당하고 있다
15 우리 교회는 교회 시설을 지역 주민들에게 개방한다
16 우리 교회는 한국사회의 불평등 문제에 관심을 가진다
17 우리 교회는 기후변화 문제에 관심을 가진다
18 우리 교회는 공동선을 훼손하는 정치/경제/사회제도의 변화를 위해 공적인
   의견을 제시하고 있다
19 우리 교회는 사역 계획을 수립할 때 지역 주민들의 의견을 청취한다
20 나는 우리 교회 공예배에서 성별, 장애인, 지역, 인종, 학력 등에 대한 차별/
   혐오 발언을 들은 적 있다

1부 · 한국교회 건강성 분석 리포트

3. 개인 영역

'개인 영역'에서는 **'나는 한 달에 한 번 이상 교회의 소그룹 모임에 참여하고 있다'에 대한 교회 출석자와 가나안 성도의 점수 차가 가장 크게 나타났다.** 가나안 성도는 '나는 한 달에 한 번 이상 모이는 신앙 모임에 참여하고 있다'로 물었는데, 교회를 이탈한 사람들인 만큼 신앙 모임을 갖는 경우가 드문 것으로 보인다. '나는 일주일 중에 하나님께 예배 드리는 시간이 가장 중요하다', '나는 자원하는 마음으로 주일헌금과 십일조를 드린다' 등 삶 속에서 예배의 의미와 헌금에 대한 자세도 교회 출석자와 큰 차이를 보였다.

• 항목별 점수 비교-개인 영역(100점 기준) •

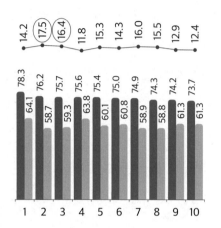

1 나는 문제가 생겼을 때 일의 주도권이 하나님께 있다고 믿고 기도한다
2 나는 일주일 중에 하나님께 예배 드리는 시간이 가장 중요하다
3 나는 자원하는 마음으로 주일헌금과 십일조를 드린다
4 나는 죄의 유혹을 받을 때 하나님께서 기뻐하시지 않는 일이라고 생각해 거
   부한다
5 나는 하나님께서 나의 인생에 특별한 계획을 갖고 계심을 믿으며 그것을 발
   견하기 위해 노력한다
6 나는 성경을 읽고 기도하면서 하나님과 가까이 살아가고 있음을 느낀다
7 나는 우리 교회가 추구하는 비전이 무엇인지 잘 이해하고 있다
8 나는 나의 몸이 하나님의 성전이라고 생각하며 음식과 기호식품(술, 담배
   등)을 절제한다
9 나는 우리 교회의 성도들과 교제하는 것이 기쁘고 즐겁다
10 나는 인터넷에서 기독교에 관한 이야기를 접하면 그것이 사이비 혹은 이단
   인지 아닌지 구별할 수 있다

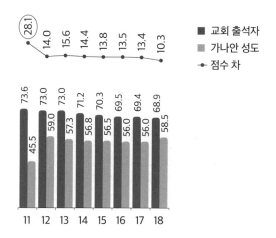

11 나는 한 달에 한 번 이상 교회의 소그룹 모임에 참여하고 있다(가나안 성도 신앙 관련 모임)

12 나는 나의 가족과 신앙적인 주제에 관해 편하게 대화한다

13 나는 내가 원하는 일을 추진하기 전에 먼저 그것이 과연 하나님의 뜻에 맞 는지 알기 위해 충분히 기도한다

14 나는 하나님께서 나에게 주신 은사와 재능을 공동체를 위해 사용하고 있다

15 나는 교회에서 새로운 성도를 만나면 먼저 인사를 건네고 교회생활에 대해 이야기를 나눈다

16 나는 주변에서 어려움을 겪고 있는 이웃에 대한 소식을 들으면 규모에 상관 없이 내가 가진 것을 나눈다

17 나는 제직회 혹은 공동의회와 같은 교회의 의사결정 과정에 애정과 책임감 을 느낀다

18 나는 미디어를 통해 교회에 대한 부정적인 소식을 접하면 내가 하나님 앞에 서 죄를 짓고 있다고 느낀다

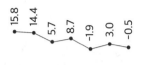

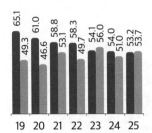

19 나는 한 달에 한 번 이상 교회의 봉사활동에 정기적으로 참여한다

20 나는 지난 1년간 교회 밖 자원봉사 활동에 참여한 적이 있다(가나안 성도 '교회 밖' 삭제)

21 우리 교회가 지역사회에서 어려운 이웃을 돕는 일에 나의 참여나 도움이 크게 중요하지 않다고 생각한다

22 기독교인으로서 정치와 사회 문제에 관심을 갖는 것은 불필요하다

23 나는 교회에서 나와 다른 의견을 가지고 있는 성도들의 이야기를 듣는 것이 불편하다

24 나는 정치와 사회에 관한 뉴스 정보를 카카오톡, 유튜브 등 소셜미디어에 의존한다

25 나는 일상에서 정직하게 답해야 하는 경우에 망설인다

1부 · 한국교회 건강성 분석 리포트

2 영역별 점수 비교-교회 출석자와 가나안 성도

가나안 성도의 영역별 점수는 '공동체 영역' 〉 '사회구성원 영역' 〉 '개인 영역'의 순으로 나타났는데, 이는 교회 출석자와 동일한 결과였다. **가나안 성도 역시 '공동체'나 '사회구성원으로서의 교회'보다 자신의 영성을 더 엄격하게 평가**하는 모습을 보였다.

가나안 성도와 교회 출석자 간의 점수 차이는 '공동체 영역'에서 가장 컸다. 그러나 이를 표준화시켜 비교해 보면, 교회 출석자 점수를 1.0점 기준으로 할 때 가나안 성도 점수는 '공동체 영역' 0.82, '사회구성원 영역' 0.83, '개인 영역' 0.82로 세 영역 모두 비슷한 차이를 보인다.

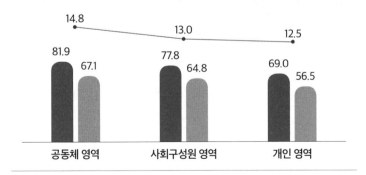

• 영역별 점수 비교(100점 기준) •

■ 교회 출석자 ■ 가나안 성도 ◆ 점수 차

	공동체 영역	사회구성원 영역	개인 영역
교회 출석자	81.9	77.8	69.0
가나안 성도	67.1	64.8	56.5
점수 차	14.8	13.0	12.5

교회 출석자와 가나안 성도의 연령별 영역 점수를 비교해 보면, 두 그룹 간 연령별 응답 순위는 전체적으로 유사한 형태를 보인다. 다만 점수 차이를 봤을 때 전반적으로 19~29세에서 차이가 적은 특징이 보이는데, 즉 20대 가나안 성도가 전반적으로 타 연령층에 비해 출석했던 교회에 대한 평가가 좋다는 것을 말한다. 이는 **20대는 교회 내부적 요인이 아닌 다른 요인으로 교회를 이탈했을 가능성이 상대적으로 높음**을 보여 준다.

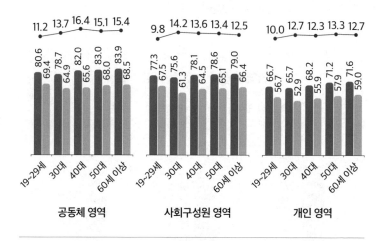

• **영역별 점수 비교-연령별(100점 기준)** •

■ 교회 출석자   ■ 가나안 성도   ◆ 점수 차

1부 · 한국교회 건강성 분석 리포트

가나안 성도가 중요하게 생각하는 교회의 모습은 교회 출석자와 마찬가지로 '개인 차원에서의 교회'가 가장 높았다(45.1%). 다음으로 '공동체로서의 교회'(29.7%), '사회구성원으로서의 교회'(25.3%) 순이었다.

가나안 성도와 교회 출석자 간의 중요도 점수 차이를 표준화시켜 비교해 보면, 교회 출석자 점수를 1.0점 기준으로 할 때 가나안 성도 점수는 '공동체 영역' 0.81, '사회구성원 영역' 1.68, '개인영역' 0.93으로 '사회구성원 영역'에서 가장 큰 차이를 보였다. 즉, **가나안 성도들은 교회의 사회적 역할의 중요성을 교회 출석자보다 훨씬 크게 인식**하고 있는 것으로 나타났다.

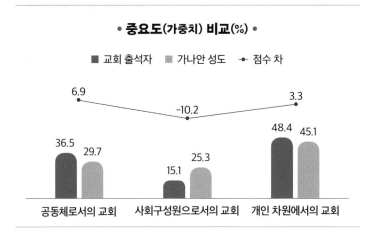

• **중요도(가중치) 비교(%)** •

■ 교회 출석자   ■ 가나안 성도   ● 점수 차

교회 출석자와 가나안 성도의 가중치 비율을 비교해 보면, **20대 가나안 성도에서 '공동체로서의 교회'를 중시하는 비율이 상대적으로 높고, 30대 이상에서는 가나안 성도가 교회 출석자보다 '사회구성원으로서의 교회'를 중시하는 비율이 높음**을 알 수 있다. '개인 차원에서의 교회' 중요도 비율은 교회 출석자와 가나안 성도 사이의 격차가 상대적으로 작게 나타났다.

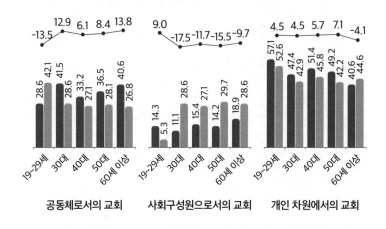

● **중요도(가중치) 비교-연령별(%)** ●

■ 교회 출석자   ■ 가나안 성도   ◆ 점수 차

공동체로서의 교회   사회구성원으로서의 교회   개인 차원에서의 교회

4 **건강성 지표 종합 점수 비교-교회 출석자와 가나안 성도**

종합적인 건강성 지표 점수는 교회 출석자가 75점, 가나안 성도가 61.7점으로 13.3점의 차이를 보였다.

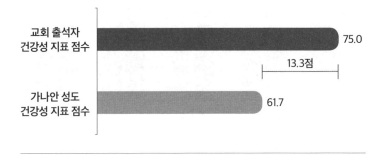

• **건강성 지표 종합 점수 비교(100점 기준)** •

교회 출석자는 연령이 높을수록 종합 점수가 높아지는 경향을 보이는 반면, 가나안 성도에서는 20대보다 30대의 점수가 더 낮은 것을 볼 수 있다.

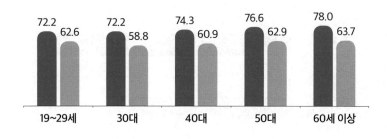

• 건강성 지표 종합 점수 비교-연령별(100점 기준) •

■ 교회 출석자   ■ 가나안 성도

	19~29세	30대	40대	50대	60세 이상
교회 출석자	72.2	72.2	74.3	76.6	78.0
가나안 성도	62.6	58.8	60.9	62.9	63.7

5 출석(했던) 교회 건강성 VS 한국교회 건강성

출석/출석했던 교회의 건강성과 한국교회의 건강성에 대해 평가를 받았다. 먼저 교회 출석자의 출석교회 건강성 점수는 평균 84.1점, 한국교회 건강성 점수는 평균 66.0점으로, 한국교회를 18.1점 더 낮게 평가했다. 가나안 성도는 출석했던 교회의 건강성 점수 평균 71.2점, 한국교회 건강성 점수 평균 54.8점으로 한국교회를 평균 16.4점 더 낮게 평가했다. **출석/출석했던 교회의 점수를 비교해 보면 교회 출석자가 가나안 성도보다 평균 12.9점 더 높았고, 한국교회 건강성 점수는 교회 출석자의 점수가 가나안 성도보다 평균 11.2점 더 높았다.**

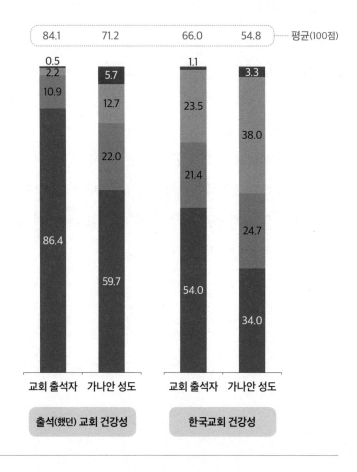

• 출석(했던) 교회 건강성 vs 한국교회 건강성(100점 기준) •

■ 건강하다 ■ 보통이다 ■ 건강하지 않다 ■ 잘 모르겠다

| | 84.1 | 71.2 | 66.0 | 54.8 | 평균(100점) |

출석(했던) 교회 건강성

교회 출석자
- 0.5
- 2.2
- 10.9
- 86.4

가나안 성도
- 5.7
- 12.7
- 22.0
- 59.7

한국교회 건강성

교회 출석자
- 1.1
- 23.5
- 21.4
- 54.0

가나안 성도
- 3.3
- 38.0
- 24.7
- 34.0

- '전혀 그렇지 않다(1점)~매우 그렇다(7점)'까지 7점 척도로 평가함.
- '건강하다'는 상위 3개 척도 비율의 합이며 '건강하지 않다'는 하위 3개 척도 비율의 합임.
- 평균 산출 시 '잘 모르겠다'는 제외하고 산출함.

6 출석(했던) 교회 만족도 vs 한국교회 만족도

다음으로 출석/출석했던 교회에 대한 만족도와 한국교회 만족도를 측정했다. 교회 출석자의 출석교회 만족도 점수는 평균 78.2점, 한국교회 만족도 점수는 평균 61.9점으로, 한국교회를 평균 16.3점 더 낮게 평가했다. 가나안 성도는 출석했던 교회 만족도 평균 65.4점, 한국교회 만족도 평균 52.6점으로 한국교회에 대한 만족도가 평균 12.8점 더 낮았다. **출석/출석했던 교회 만족도를 비교해 보면 교회 출석자가 가나안 성도보다 평균 12.8점 더 높았고, 한국교회 만족도는 교회 출석자의 점수가 가나안 성도보다 평균 9.3점 더 높았다.**

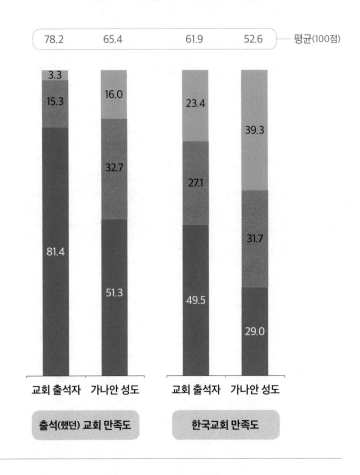

출석(했던) 교회 만족도 vs 한국교회 만족도(100점 기준)

■ 만족한다   ■ 보통이다   ■ 만족하지 않는다

평균(100점)

	78.2	65.4		61.9	52.6

- 3.3 / 15.3 / 81.4 (교회 출석자)
- 16.0 / 32.7 / 51.3 (가나안 성도)
- 23.4 / 27.1 / 49.5 (교회 출석자)
- 39.3 / 31.7 / 29.0 (가나안 성도)

교회 출석자   가나안 성도

출석(했던) 교회 만족도

교회 출석자   가나안 성도

한국교회 만족도

- '전혀 그렇지 않다(1점)~매우 그렇다(7점)'까지 7점 척도로 평가함.
- '만족한다'는 상위 3개 척도 비율의 합이며 '만족하지 않는다'는 하위 3개 척도 비율의 합임.

1부 · 한국교회 건강성 분석 리포트

7 출석(했던) 교회 신뢰도 vs 한국교회 신뢰도

교회 출석자의 출석교회 신뢰도 점수는 평균 79.9점, 한국교회 신뢰도 점수는 평균 62.9점으로, 한국교회 신뢰도 점수가 평균 17.0점 더 낮고, 가나안 성도는 출석했던 교회 신뢰도 점수 평균 65.1점, 한국교회 신뢰도 점수 평균 52.7점으로 한국교회에 대한 신뢰도가 평균 12.4점 더 낮게 나타났다. 출석/출석했던 교회의 신뢰도를 비교해 보면 **교회 출석자의 출석교회 신뢰도가 가나안 성도의 출석했던 교회 신뢰도보다 평균 14.8점 더 높았고, 한국교회 신뢰도는 교회 출석자의 점수가 가나안 성도보다 평균 10.2점 더 높았다.**

• 출석(했던) 교회 신뢰도 vs 한국교회 신뢰도(100점 기준) •

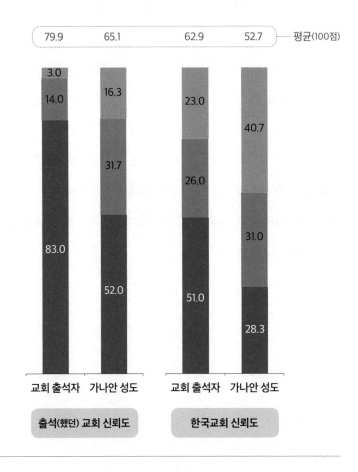

■ 신뢰한다 ■ 보통이다 ■ 신뢰하지 않는다

평균(100점): 79.9 / 65.1 / 62.9 / 52.7

출석(했던) 교회 신뢰도
- 교회 출석자: 83.0 / 14.0 / 3.0
- 가나안 성도: 52.0 / 31.7 / 16.3

한국교회 신뢰도
- 교회 출석자: 51.0 / 26.0 / 23.0
- 가나안 성도: 28.3 / 31.0 / 40.7

- '전혀 그렇지 않다(1점)~매우 그렇다(7점)'까지 7점 척도로 평가함.
- '신뢰한다'는 상위 3개 척도 비율의 합이며 '신뢰하지 않는다'는 하위 3개 척도 비율의 합임.

1부 · 한국교회 건강성 분석 리포트

기존 한국교회 신뢰도 조사의 결과와 비교해 보면('신뢰한다' 비율 기준), 전체적인 한국교회 신뢰도는 하락세를 나타내고 있으며, 가나안 성도의 한국교회 신뢰도는 일반 국민보다는 높은 수준으로 나타났다.

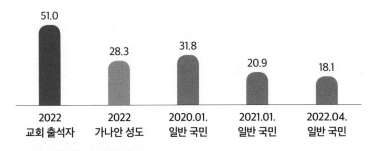

• (비교) 한국교회 신뢰도('신뢰한다' 비율, %) •

- 2020.01 조사: 기독교윤리실천운동. '2020 한국교회의 사회적 신뢰도 조사', 2020.01(일반 국민 1,000명, 전화면접조사).
- 2121.01 조사: 목회데이터연구소, '코로나19 정부방역조치에 대한 일반 국민 평가조사', 2021.01(일반 국민 1,000명, 온라인조사).
- 2022.04 조사: 국민일보/사귐과섬김 코디연구소, '기독교에 대한 대국민 이미지 조사', 2022.04(일반 국민 1,000명, 온라인조사).
- 일반 국민 수치는 4점 척도 중 '약간+매우 신뢰한다' 비율이며, 교회 출석자/가나안 성도 수치는 7점 척도 중 상위 3개 척도 비율의 합임. 척도가 다르므로 '교회의 건강성 측정을 위한 조사'의 비교 시 유의.

2부

✳

건강한
교회의
신학적 기초

하나님 나라에 대한 이해[1]

김태섭(장로회신학대학교 신약학)

'하나님 나라'라고 하면 당신은 무엇을 떠올리는가

∘∘∘

우리는 '하나님 나라', 혹은 '천국'이라는 표현에 꽤 익숙하다. 그렇다면 그 의미에 대해서도 잘 알고 있을까. 한국교회에서 하나님 나라(천국)는 죽어서 가는 곳, 즉 '저 세상'의 의미로 받아들여지고 있다. 그래서 "하나님 나라로 갔다"는 말이 "죽었다"와 동일하게 쓰이기도 한다. 물론 천국이 '이 세상 너머의 세계'인 것은 맞다. 문제는 그것만이 전부라고 할 때 예수님이 강조하신 '지금 발 딛고 있는 이곳'이라는 천국의 또 다른 차원을 이해하기 어려워진다는 점이다.

예수님은 "회개하라 천국이 가까이 왔느니라"(마 4:17), "하나님의 나라는 볼 수 있게 임하는 것이 아니요. 또 여기 있다 저기 있다고도 못하리니 하나님의 나라는 너희 안에 있느니라"(눅 17:20b-21)처럼 이미 도래한 하나님 나라를 선포하셨다. 하나님 나라가 죽어서야 갈 수 있는 곳이라면 **너희 안에** 있는 하나님 나라는 어떻게 이해되고 설명되어야 할까?

이 글에서는 전통적으로 한국교회가 천국의 사후세계 차원만을 강조해 온 것을 지적하면서, 역사적, 성서학적 관점에서 하나님 나라(천국)의 의미를 살펴보려고 한다.

'하나님 나라(천국)'는 중요하다

○ ○ ○

성경에는 '천국'ἡ βασιλεία τῶν οὐρανῶν과 '하나님 나라'ἡ βασιλεία τοῦ θεοῦ라는 표현이 등장한다. 전자는 문자적으로 '하늘들의 왕국'kingdom of heavens이란 뜻인데, 한자어로 번역하면서 '천국'天國을 사용하게 되었다. '천국'과 '하나님 나라', 원어에서부터 그 표현이 엄연히 다른 만큼 의미도 다를 것이라고 생각할 수 있다.[2] 그러나 다음 성경 구절에서 두 가지가 사실상 동일한 의미라는 것을 발견하게 된다.

내가 진실로 너희에게 이르노니 부자는 **천국**ἡ βασιλεία τῶν οὐρανῶν에 들어가기가 어려우니라 다시 너희에게 말하노니 낙타가 바늘귀로 들어가는 것이 부자가 **하나님의 나라**ἡ βασιλεία τοῦ θεοῦ에 들어가는 것보다 쉬우니라(마 19:23-24)

예수님은 두 개의 문장을 말씀하셨는데, 두 번째 문장은 첫 문장의 부연 설명이다. 문장을 잘 살펴보면 첫 번째 문장에서 언급된 '천국'이, 그 의미는 그대로 가진 채 두 번째 문장에서 '하나님의 나라'로 바뀐 것을 알 수 있다. 이것은 천국과 하나님 나라가 서로 바꾸어 쓸 수 있는 개념들이란 사실을 알려 준다.[3]

사실 '천국'은 마태복음에만 30회 등장하는 표현이다.[4] 마가복음과 누가복음은 언제나 '하나님 나라'를 사용한다. 물론 마태복음에도 하나님 나라라는 표현이 총 4회(12:28; 19:24; 21:31, 43) 등장한다. 그러나 분명한 것은 마태복음서 기자가 천국이란 표현을 더 선호한다는 것이다. 이는 신의 이름을 직접적으로 발설하기 꺼리는 유대인의 경향을 반영한 것으로 보인다.[5] 결국 '천국'과 '하나님 나라'는 표현상의 차이일 뿐 그 의미에는 차이가 없다. 그렇다면 여기서 한 가지 질문이 생긴다. 우리가 **하나님 나라 혹은 천국을 바르게 이해하는 것은 왜 중요한가?**

2부 · 건강한 교회의 신학적 기초

- 예수님의 사역과 가르침의 시작: 이르시되 때가 찼고 하나님의 나라가 가까이 왔으니 회개하고 복음을 믿으라 하시더라(막 1:15; 참조. 마 4:17)
- 예수님의 지상 사역 요약: 예수께서 온 갈릴리에 두루 다니사 그들의 회당에서 가르치시며 천국 복음을 전파하시며 백성 중의 모든 병과 모든 약한 것을 고치시니(마 4:23; 9:35)
- 예수님의 사역 마지막 기간: 그가 고난 받으신 후에 또한 그들에게 확실한 많은 증거로 친히 살아 계심을 나타내사 사십 일 동안 그들에게 보이시며 하나님 나라의 일을 말씀하시니라(행 1:3)

위의 말씀들은 예수님의 3년 사역을 잘 설명해 준다. 꾸준히 나타나는 하나의 표현을 찾았는가? 바로 **하나님 나라**(천국)다. 공생애 시작의 첫 메시지와 3년간 전하신 복음의 핵심, 그리고 부활 후 승천하시기까지 40일가량 이 땅에 머물면서 제자들에게 남기신 가르침의 정수精髓 모두 하나님의 나라, 천국이었다. 결국 하나님 나라(천국)는 예수님의 생애 및 사역의 시작과 끝을 관통하는 개념이다.

그렇다면 예수님 이후 신약성경에 등장하는 주요 인물들의 사역은 어떨까? 예수님의 열두 제자, 초대교회 일곱 사역자(집사), 그리고 기독교 교리의 기초를 닦은 사도 바울의 사역에서 하나의 공통점을 발견하게 된다. 초대 기독교회에서 이들이 선포하고 전수했던 핵심적인 가르침이 '하나님 나라'라는 사실이다.

- 열두 제자들의 사역: 예수께서 그의 열두 제자를 부르사 (…) 가면서 전파하여 말하되 천국이 가까이 왔다 하고(마 10:1, 7)
- 일곱 사역자(집사)들의 사역: 빌립이 하나님 나라와 및 예수 그리스도의 이름에 관하여 전도함을 그들이 믿고 남녀가 다 세례를 받으니 (행 8:12)
- 사도 바울의 사역: 바울이 회당에 들어가 석 달 동안 담대히 하나님 나라에 관하여 강론하며 권면하되(행 19:8; 참조. 20:25). 바울이 아침부터 저녁까지 강론하여 하나님의 나라를 증언하고 (…) 바울이 온 이태를 자기 셋집에 머물면서 자기에게 오는 사람을 다 영접하고 하나님의 나라를 전파하며 주 예수 그리스도에 관한 모든 것을 담대하게 거침없이 가르치더라(행 28:23b, 30-31)

이처럼 신약성경과 기독교 교회사에서 절대적으로 중요한 인물들을 관통하는 하나의 개념이 하나님 나라다. 따라서 하나님 나라를 바로 이해하는 것은 기독교를 이해하는 데 절대적으로 중요하다.

예수천당 불신지옥? 천국에 대한 오해

○ ○ ○

한 번쯤은 들어봤을 것이다. 띠를 두르거나 커다란 피켓을 든 사람이 목청 높여 외치는 소리, "예수천당 불신지옥". 한국교회 의 성도라면, 이것이 전도 구호라는 것을 안다. 그런데 사실 이 말은 한국교회 안에서 저절로 생겨난 것이 아니다. 오히려 기독 교가 들어오던 초기에 내한한 영·미권 선교사들의 영향으로 볼 수 있다.

이 개념의 뿌리는 19세기 말에서 20세기 초, 미국의 부흥운 동을 주도한 무디Dwight L. Moody로까지 거슬러 올라간다. 당시 유럽의 자유주의 신학과 성서 비평학이 미국에 소개되면서 이 에 대한 반발로 미국 교회는 근본주의에 열중하게 되었고, 마침 존 다비John Nelson Darby가 주창해 온 세대주의의 영향을 크게 받게 된다.[6]

무디는 1880년부터 대학생들을 대상으로 하계성경학교를 개최하였고, 1886년에는 해외선교사 파송을 위한 학생자원운 동SVM, Student Volunteer Movement을 출범시켜 1920년까지 8천 명의 선교사를 파송했다. 바로 이 운동의 주역 가운데 하나가 100여 년 전에 한국에서 피어선 성경학교(1912, 현 평택대학교) 설립의 기초를 닦은 세대주의자 아더 피어선Arthur T. Pierson이다. 다음 표를 보면 20세기 초 내한한 미국 선교사들 가운데 약 60% 가량이 학생자원운동에 영향을 받았음을 알 수 있다.[7]

● 20세기 초 내한 선교사 중 SVM 출신자 인원(명) ●

연도	총 내한 선교사 수	내한 선교사 중 SVM 출신자 수
1906	14	8
1907	43	23
1908	48	29
1909	30	21

한국 최초의 개신교 목사이자 선교사 언더우드Horace G. Underwood와 아펜젤러Henry G. Appenzeller도 무디의 세대주의에 영향을 받았고,[8] 한국교회 장로교의 요람인 평양신학교를 설립해 1936년까지 400여 명의 목사 후보생을 배출한 사무엘 마펫Samuel A. Moffet 역시 학생자원운동 출신으로서 무디의 신학적 영향을 받은 인물이다. 이렇듯 초기 미국 선교사들에게 무디의 영향력은 컸다. 그렇다 보니 이들에게 신학교육을 받은 한국교회의 목회자들 또한 세대주의 신학으로부터 자유로울 수 없었다.

주목할 점은, 세대주의자들이 바라보는 하나님 나라(천국)

가 사후세계에 치우쳐 있다는 것이다. 그들이 말하는 하나님 나라는 현재와는 관계가 없는 유토피아로, 죽음 이후의 시간에 속해 있다. 즉, 비록 이 땅에선 고난을 받지만 믿음을 지켜 잘 이겨 내면 죽은 후에 천국을 약속받는다는 것이다. 그들은 '지금' '이 세상'을 매우 비관적으로 바라보며 교회의 사명은 이 세상을 하나님 나라로 변화시키는 것이 아니라 예수님의 재림 이전에 가능한 한 많은 사람들을 전도하는 것이라고 주장한다. 무디역시 이 세상과 불연속 관계에 있는 사후세계를 천국으로 이해했다.

나는 천국이 어디에 있는지를 비롯하여 천국에 관한 모든 것을 알기 원한다. 그곳은 내가 영원무궁토록 살 곳이기 때문이다. (…) 그렇다, 우리는 불과 얼마 지나지 않아 멀고 먼 나라로 옮겨가 살게 될 것이다. 우리는 다른 세계에서 영원을 누리게 될 것이다. (…) 여행은 무엇으로도 족하다. 우리가 이 세상을 여행할 동안 고생으로 지치는 것보다는 천국에서 우리를 기다리고 있을 기쁨과 위로를 생각하는 것이 더욱 큰 보람을 줄 것이다.[9]

무디의 선교운동에 영향을 받은 다수의 선교사들도 천국을 이와 같이 가르쳤다. 그로 인해 한국교회 신앙의 전통을 형성하는 데 지대한 역할을 한 길선주 목사와 최권능 목사도 천국에 대해 그들과 같은 이해를 가지게 되었다. 특히 최권능 목사가 주창한 "예수천당 불신지옥!"이라는 전도 구호는 '천국은 죽음 이후에라야 누릴 수 있는 곳'이란 인상을 강하게 남겼다.

내가 세상을 떠나 천당에 들어갈 때에 하나님의 독생자 예수께서 생명의 면류관을 들고 요단강 가에서 천사 좌우에 나열하고 14만 4천 명의 천가대가 만년송을 탄주할 새 24장로 시립한 중에 주님이 내 손목을 잡으실 것입니다. 오! 내 손을 잡는 주님의 손에는 못 자국이 있을 것입니다. 천군 천사의 할렐루야 소리가 우레같이 진동할 것입니다. (⋯) 오, 예수 믿고 천당!

이후 100여 년이 지나는 동안 한국교회에는 '천국은 곧 사후세계'라는 인식이 고정관념으로 굳어졌다. 이것을 반영하기라도 하듯 사후세계 경험담을 담은 도서들은 사후세계로서 '천국'이란 단어를 사용한다. 영화로도 만들어진 『천국에서 돌아온 소년』*The Boy Who Came Back From Heaven*(거짓말이었다고 저자가 이후에 고백)은 2010년 아마존 종교 부문 1위가 되었고, 같은 해 우리나라에서도 번역되어 기독교부문 베스트셀러에 이름을 올렸다. 하버드대학 신경외과 의사였던 이븐 알렉산더Eben

Alexander가 뇌사 상태에서 극적으로 회복된 이후에 자신의 사후 세계 체험담을 기록한 『나는 천국을 보았다』*The Proof of Heaven*와 심정지 상태에서 천국을 경험한 미국의 외과의사 메리 닐Mary C. Neal의 『외과의사가 다녀온 천국』*To Heaven and Back* 역시 미국과 한국에서 출간되자마자 큰 인기를 끌었다. 한국 저자의 책으로 는 충현교회 전 담임목사였던 신성종 목사가 8일간의 신비체험 이후 저술한 『내가 본 지옥과 천국』이 세간의 관심을 불러일으 켰다. 이러한 책들에 한국교회의 성도들이 큰 관심을 보였다는 것은, 한국교회에서 천국이 내세 지향적인 개념으로 이해되고 있다는 사실의 방증이다.

그렇다면 성경은 하나님 나라(천국)를 무엇이라고 말하는가

○ ○ ○

사실 유토피아적인 사후세계로서의 '예수천당'은 일제강점기 와 한국전쟁 이후 혼란기를 살아내야 했던 이들에게 짧고도 강 한 희망의 메시지로 들렸을 것이다. '이 암울하고 처참한 시절 이 전부가 아니다. 이후에 보상이 있다'는 의미와도 같았을 것 이기 때문이다. 그러나 '예수천당 불신지옥'을 기독교의 정수, 곧 핵심이라고 한다면 기독교 신앙은 죽음 이후에라야 그 진정성이 확인되는 '죽음의 신학'이 된다. 물론 신약성경에는 천국의 사후세계로서의 개념도 나타난다. 우리가 간과하지 말아야할 것은, 복음서에 등장하는 예수님의 천국(하나님 나라) 복음이 결코 내세 지향적인 메시지만이 아니라는 사실이다.

1. 현재적 하나님 나라(천국)

앞에서 언급했듯이, 공생애를 시작하는 예수님의 첫 메시지는 천국의 도래였다. "회개하라 천국이 가까이 왔느니라"(마 4:17). 여기서 '가까이 왔느니라'고 번역된 헬라어 동사 '엥기켄'ἤγγικεν의 시제는 현재 완료다has come near. 시제를 유념하여 그 의미를 해석하면, 천국은 믿는 자들이 죽은 이후에 들어가는 곳이 아니라, **이미 들어와 있는** 실재다. 또 다른 말씀을 살펴보자.

> 내가 하나님의 성령을 힘입어 귀신을 쫓아내는 것이면 하나님의 나라가 이미 너희에게 임하였느니라(마 12:28)

여기서 '임하였다'라고 번역된 헬라어 동사 '에프타센'ἔφθασεν 역시 이미 일어난 사건을 나타내는 단순과거 시제가 사용되었다. 다시 말해, 하나님 나라가 이미 '왔다'는 것이다.

이러한 현재적 차원의 하나님 나라(천국) 개념은 예수님의 산상 수훈 첫머리에 등장하는 팔복에서도 분명하게 확인할 수 있다 (마 5:3-10).

제1복. 심령이 가난한 자는 복이 있나니 **천국이 그들의 것임이 요** ἐστιν

제2복. 애통하는 자는 복이 있나니 그들이 **위로를 받을 것임이 요** παρακληθήσονται

제3복. 온유한 자는 복이 있나니 그들이 땅을 **기업으로 받을 것 임이요** κληρονομήσουσιν

제4복. 의에 주리고 목마른 자는 복이 있나니 그들이 **배부를 것 임이요** χορτασθήσονται

제5복. 긍휼히 여기는 자는 복이 있나니 그들이 **긍휼히 여김을 받을 것임이요** ἐλεηθήσονται

제6복. 마음이 청결한 자는 복이 있나니 그들이 하나님을 **볼 것 임이요** ὄψονται

제7복. 화평하게 하는 자는 복이 있나니 그들이 하나님의 아들 이라 **일컬음을 받을 것임이요** κληθήσονται

제8복. 의를 위하여 박해를 받은 자는 복이 있나니 **천국이 그들 의 것임이라** ἐστιν

예수님이 선언하신 팔복은 천국으로 시작해서 천국으로 끝나는 수미상관 구조다. 인클루지오inclusio라고도 하는 이 문학 구조는 글의 처음과 마지막에 반복되어 나타나는 단어나 어구를 강조하는 기능이 있다. 즉, 팔복은 천국을 부각시키는 구조다. 여기서 눈여겨볼 점은 동사의 시제다. 제1복과 제8복에서 '천국이 그들의 것이 된다'는 소유의 약속이 미래 시제가 아닌 현재 시제 '에스틴'ἐστιν으로 표현되고 있다. 이는 제2복부터 제7복까지의 약속이 모두 미래 시제로 표현된 것과 분명히 대조된다. 결국 그 구조와 시제의 특성을 통해 팔복이 강조하는 것은 천국이 **성도가 이미 소유한 실재**라는 사실이다.

또 다른 예를 들자면, 마태복음에는 천국의 현재성을 강조하는 비유들이 등장한다(마 13:44-46).

천국은 마치 밭에 감추인 보화와 같으니 사람이 이를 발견한 후 숨겨 두고 기뻐하며 돌아가서 자기의 소유를 다 팔아 그 밭을 사느니라

Ὁμοία ἐστὶν ἡ βασιλεία τῶν οὐρανῶν θησαυρῷ κεκρυμμένῳ ἐν τῷ ἀγρῷ, ὃν εὑρὼν ἄνθρωπος ἔκρυψεν, καὶ ἀπὸ τῆς χαρᾶς αὐτοῦ ὑπάγει καὶ πωλεῖ πάντα ὅσα ἔχει καὶ ἀγοράζει τὸν ἀγρὸν ἐκεῖνον.

또 천국은 마치 좋은 진주를 구하는 장사와 같으니 극히 값진 진주 하나를 발견하매 가서 자기의 소유를 다 팔아 그 진주를 사느니라

Πάλιν ὁμοία ἐστὶν ἡ βασιλεία τῶν οὐρανῶν ἀνθρώπῳ ἐμπόρῳ ζητοῦντι καλοὺς μαργαρίτας· εὑρὼν δὲ ἕνα πολύτιμον μαργαρίτην ἀπελθὼν πέπρακεν πάντα ὅσα εἶχεν καὶ ἠγόρασεν αὐτόν.

우리에게 익숙한 '감추인 보화'와 '진주' 비유다. 이 비유들에 사용된 동사의 시제를 살펴보면, 먼저 감추인 보화 비유에서 '감추인'은 완료분사, '발견한 후'는 단순과거 분사, '숨겨 두고'는 단순과거 시제 직설법, '돌아가서', '가진'(자기의 소유), '팔아', '사느니라'는 모두 현재 시제 직설법으로 쓰였다. 진주 비유에서는 '구하는'은 현재 분사, '발견하매'와 '가서'는 단순과거 분사, '팔아'는 현재완료 직설법, '가지고 있던'(자기의 소유)은 미완료 직설법, '사느니라'는 단순과거 시제 직설법이 사용되었다. 이러한 시제가 뜻하는 것은 무엇일까? 천국(하나님 나라)은 이미 도래하였고, 어떤 사람들은 그것을 벌써 발견하여 희생을 감수하면서까지 소유하였다는 것이다.

그렇다면 이런 질문이 생긴다. **이미 도래한 천국은 과연 어디**

에 있는가? 이에 대해 예수님은 다음과 같이 답하셨다. "바리새인들이 하나님의 나라가 어느 때에 임하나이까 묻거늘 예수께서 대답하여 이르시되 하나님의 나라는 볼 수 있게 임하는 것이 아니요. 또 여기 있다 저기 있다고도 못하리니 하나님의 나라는 너희 안에 있느니라"(눅 17:20-21). 이 구절도 하나님 나라(천국)가 '성도들 안에 구현된 실재'라는 것을 분명히 밝히고 있다. 또한 그것은 눈에 보이는 세계가 아니며, '여기' 혹은 '저기'라고 할 수 있는 '공간적' 실체가 아니라는 점도 강조한다. 결국 신약성경이 말하는 천국(하나님 나라)은 죽은 후에 도달하는 유토피아적 공간만의 개념이 아닌 것이다. 다시 말하지만, 그것은 믿는 자들 안에 이미 도래한(혹은 도래할 수 있는) 현재적 실재다.

2. 하나님 나라(천국)의 핵심

하나님 나라(천국)의 핵심이 공간이 아니라면 대체 무엇인가? '하나님 나라'(혹은 '천국')라는 어구 자체는 구약성경이나 제2성전기 유대 문헌에서 쉽게 발견할 수 없다. 그러나 하나님 나라가 '하나님'God과 '나라'kingdom의 결합인 것을 감안할 때, '나라'에 해당하는 히브리어 '말쿠트'מלכות와 그 파생어구가 하나님에게 적용된 사례를 살펴볼 수 있을 것이다.

2부 · 건강한 교회의 신학적 기초

- 하나님이여 주의 보좌는 영원하며 주의 '말쿠트'מלכות의 규(圭)는 공평한 규이니이다(시 45:6)
- 여호와께서 그의 보좌를 하늘에 세우시고 그의 '말쿠트'מלכות로 만유를 다스리시도다(시 103:19)
- 여호와여 위대하심과 권능과 영광과 승리와 위엄이 다 주께 속하였사오니 천지에 있는 것이 다 주의 것이로소이다 여호와여 '맘라카'ממלכה도 주께 속하였사오니 주는 높으사 만물의 머리이심이니이다(대상 29:11)

시편 45편 6절에서 '규'는 왕권을 상징하는 지팡이를 뜻한다. 따라서 여기서 말쿠트는 공간적 개념의 나라가 아니라 하나님의 '왕적 통치권'으로 이해해야 더 자연스럽다. 이와 같은 용례를 시편 103편 19절에서도 발견할 수 있는데, 말쿠트를 공간적 개념의 '나라'로 번역하면 의미가 어색해진다. 그래서 이를 '왕권'으로 번역하였다(개역개정). 역대상 29장 11절에서도 '왕국'으로 번역될 수 있는 '맘라카'ממלכה를 문맥상 더 자연스러운 의미인 '주권'으로 번역했다(개역개정). 이처럼 구약에서 신적 'kingdom'은 'king's dominion'을 뜻하는 것으로 이해해야 한다.[10] 이와 같은 개념으로의 하나님 나라를 신약성경에서도 발견할 수 있다. 바로 주기도문이다(마 6:9-10).

당신의 이름이 거룩히 여김을 받으시오며,

ἁγιασθήτω τὸ ὄνομά σου

당신의 나라가 임하옵시며

ἐλθέτω ἡ βασιλεία σου

당신의 뜻이 이루어지이다, 하늘에서와 같이 땅에서도

γενηθήτω τὸ θέλημά σου, ὡς ἐν οὐρανῷ καὶ ἐπὶ γῆς

주기도문은 동일한 문법적 구조를 갖는 세 개의 문장으로 시작한다. 세 문장 모두 '3인칭 단수 단순과거 명령형 + 단수명사 + 2인칭 단수 인칭 대명사'로 되어 있다. 마태복음에서는 삼중구조가 중요한데, 주기도문 첫머리에 등장하는 세 문장이 동일한 문법적 구조를 갖고 있다는 것은 이 셋의 의미가 상호교환적임을 암시한다. 따라서 두 번째 문장에 나오는 '당신의 나라', 곧 하나님 나라가 임한다의 의미는 세 번째 문장이 더 자세히 알려 준다. 바로 하나님의 뜻이 하늘에서와 같이 땅에서도 이루어지는 것이다. 다시 말해서, 하나님 나라의 도래는 하나님의 뜻이 실현되는 것, 곧 신적 통치의 구현이다.

결국 하나님 나라의 본질은 공간이 아니라 하나님의 통치를 뜻한다. 천국을 사후에 들어갈 유토피아라는 공간적 차원에 치우쳐 이해해서는 그 본질을 놓치기 쉽다. 주기도문의 의미를 이

해하지 못한 채 형식적인 암송에만 치중한다면 이는 기독교의
가장 중요한 개념을 간과하고 마는 것이다.

3. 현재적 하나님 나라와 미래적 하나님 나라의 관계

우리는 이미 도래한 하나님 나라의 핵심이 공간이 아니라 신적
통치라는 사실을 확인했다. 그런데 이 땅에는 아직도 고통과 불
의가 존재하며 악의 세력이 활보한다. 만약 신적 통치가 이미
도래했다면, **이 세상에 아직도 혼란이 존재하는 이유는 무엇인가?**
이 모순에 대해 예수님은 몇 가지 비유를 들어 설명하셨다(마
13:31-32; 13:33).

또 비유를 들어 이르시되 천국은 마치 사람이 자기 밭에 갖다
심은 겨자씨 한 알 같으니 이는 모든 씨보다 작은 것이로되 자
란 후에는 풀보다 커서 나무가 되매 공중의 새들이 와서 그 가
지에 깃들이느니라

Ἄλλην παραβολὴν παρέθηκεν αὐτοῖς λέγων· ὁμοία ἐστὶν ἡ
βασιλεία τῶν οὐρανῶν κόκκῳ σινάπεως, ὃν λαβὼν ἄνθρωπος
ἔσπειρεν ἐν τῷ ἀγρῷ αὐτοῦ· ὃ μικρότερον μέν ἐστιν πάντων
τῶν σπερμάτων, ὅταν δὲ αὐξηθῇ μεῖζον τῶν λαχάνων ἐστὶν
καὶ γίνεται δένδρον, ὥστε ἐλθεῖν τὰ πετεινὰ τοῦ οὐρανοῦ καὶ

κατασκηνοῦν ἐν τοῖς κλάδοις αὐτοῦ.

또 비유로 말씀하시되 천국은 마치 여자가 가루 서 말 속에 갖다 넣어 전부 부풀게 한 누룩과 같으니라

Ἄλλην παραβολὴν ἐλάλησεν αὐτοῖς· ὁμοία ἐστὶν ἡ βασιλεία τῶν οὐρανῶν ζύμῃ, ἣν λαβοῦσα γυνὴ ἐνέκρυψεν εἰς ἀλεύρου σάτα τρία ἕως οὗ ἐζυμώθη ὅλον.

첫 번째 비유에서, 천국은 사람이 밭에 '심은'ἔσπειρεν 겨자씨와 같다. 동사의 시제가 단순과거라는 점을 감안할 때, 천국은 이미 세상을 비유하는 밭에 심겨져 있는 것이다. 단지 겨자씨처럼 작아서 눈에 띄지 않을 뿐이다. 하지만 씨는 점차 성장하여 결국에는 '공중의 새들'(세상의 나라들을 상징)이 그 나무 아래 들어와 살게 된다고 성경은 말한다. 두 번째 비유 역시 같은 내용이다. 천국은 가루 서 말에 '넣은'ἐνέκρυψεν(단순과거 시제 직설법) 누룩과 같다. 당장에는 잘 보이지 않지만 누룩은 결국 가루 전체에 영향을 미칠 것이다. 결론적으로 **현재적 천국**(하나님 나라)은 은밀히 이 세상에 도래하여 당장은 잘 보이지 않으나 끝내는 온 세상을 그 영향력 아래 두게 된다는 **미래적 완성**을 기다리고 있다.

천국(하나님 나라), 곧 하나님의 통치가 이미 도래하였음에도 불구하고 여전히 악과 혼돈이 현존하는 것에 대한 예수님의 답은 분명하다. 비록 하나님 나라는 도래하였지만, 그 나라(통치)의 완성은 아직 이루어지지 않았기 때문이다. **그렇다면 그 나라는 언제 완성되는가?**

또 천국은 마치 바다에 치고 각종 물고기를 모는 그물과 같으니 그물에 가득하매 물 가로 끌어내고 앉아서 좋은 것은 그릇에 담고 못된 것은 내버리느니라 **세상 끝**ἐν τῇ συντελείᾳ τοῦ αἰῶνος에도 이러하리라 천사들이 와서 의인 중에서 악인을 갈라내어 풀무 불에 던져 넣으리니 거기서 울며 이를 갈리라(마 13:47-50)

위의 천국 비유가 암시하듯, 그 나라의 완성은 미래적 비전이다. 예수님이 천사들과 함께 재림할 '세상 끝'에 이 땅의 악은 모조리 심판을 받고 하나님의 통치는 이 땅에서 완성될 것이기 때문이다. 따라서 하나님 나라의 현재적 도래와 미래적 완성은 **이미**와 **아직**의 긴장관계already-not yet 속에 놓여 있다.[11] 하나님 나라(천국), 즉 하나님의 통치는 이미 도래했으나 예수님의 재림을 통해 완성될 것이며, 현 시대는 그 완성의 과정 위에 존재하는 한 시점이다.

우리는 하나님 나라를 살아야 한다

○ ○ ○

19세기말 구스타프 달만Gustaf Dalman은 "하나님 나라는 하나님의 통치를 중심으로 한다"라고 피력했다. 그 뒤로 서구 학계에서는 이러한 하나님 나라의 이해가 이미 보편적으로 받아들여져 왔다. 한국교회는 어떤가? 1970년대 이후 한국기독교 학계에서는 민중신학을 중심으로 '현실 참여적'이고 이 세상을 향한 하나님 나라 운동을 전개하였다. 그러나 한국교회 전체에 큰 반향을 불러일으키지는 못했다. 이후 20세기 말부터 리델보스Herman N. Ridderbos의 『하나님 나라』The Coming of the Kingdom, 조지 래드George E. Ladd의 『조지 래드 하나님 나라』The Presence of the Future: Jesus and the Kingdom, 비슬리-머리G. Beasley-Murray의 『예수와 하나님 나라』Jesus and the kingdom of God 등이 번역·출간되었고,[12] 한국 성서학자들과 목회자들을 중심으로 하나님 나라(천국)를 사후세계가 아닌 **현재적 통치의 관점**으로 봐야 한다는 주장이 꾸준히 제기되었다.

이제 한국교회는 이러한 하나님 나라 신학에 적극적으로 응답해야 한다. 그동안 한국교회는 예수 믿어 천국 가자는 틀 안에서 개인 구원에 치중하느라 이 땅에서 천국 백성답게 살아가는 삶을 잃어버렸다. 예수님을 믿으면 그 순간 구원을 얻어 죽은 후에 천국을 보장받는다는 얄팍한 믿음이 기독교 신앙을 값싸게 만들어 버린 것이다.

천국은 유토피아적인 사후세계만이 아니다. **그 나라는 이미 도래하였다.** 그러니 구원을 받았다면, 천국 시민답게 이 땅에 임한 하나님의 통치(나라)를 따라 정의롭게 살아야 한다. 또한 하나님 나라(천국)는 **종말적 완성을 향한 과정 가운데 있다**는 것을 기억해야 한다. 이미 도래한 하나님의 통치(나라)와 상관없이 살아간다면, 세상 끝에 완성될 그 나라와도 아무런 상관이 없게 될 것이다. 구원은 사건이 아닌 과정이며, 개인적인 동시에 사회적인 책임을 갖는다. 이와 같은 천국(하나님 나라)에 대한 통전적 이해는 향후 한국교회의 구원론과 사회적 사명 정립에 변화를 요청하게 될 것이다.

함께 읽으면 좋은 책들

- 김세윤. 『칭의와 하나님 나라』. 두란노, 2020.
- 조지 래드. 원광연 옮김. 『조지 래드 하나님 나라』. CH북스(크리스천다이제스트), 2016.
- 톰 라이트. 양혜원 옮김. 『마침내 드러난 하나님 나라』. IVP, 2009.
- 헤르만 리델보스. 오광만 옮김. 『하나님 나라』. 솔로몬, 2008.

하나님 나라, 교회, 그리고 공동선[1]

송용원(장로회신학대학교 조직신학)

하나님은 이 세상을 '공동선' 구조로 만드셨다

○ ○ ○

성경을 한마디로 어떻게 정의할 수 있을까? 흔히 말하기는 '하나님 나라 복음을 전하는 책'이다. 그런데 성경을 이렇게 소개했을 때 믿지 않는 사람들이 과연 이해할 수 있을지는 의문이다. '하나님 나라', '칭의', '성화', '영화' 같은 교회 용어들은 일반 사회에서 쉽게 통하지 않는다. 한국교회의 과제 중 하나는 바로 이런 특별은총의 용어를 일반은총의 용어로 바꾸는 것이다.

우선 하나님 나라를 생각해 보자. **예수님을 믿지 않는 사람에게 하나님 나라를 이해시키기 위해선 어떤 말로 설명해야 할까?**

기독교 윤리학자 임성빈은 "**공동선**common good이 이루어진 나라"라는 표현을 제안한다. 절묘한 표현이라고 생각한다. 적어도 그 나라의 가치가 무엇인지, 무엇을 중심으로 움직이는 나라인지 정도는 그려 내도록 하지 않는가. 성경에서 가르치는 하나님 나라를 오롯이 담아내지는 못하더라도 이처럼 그 나라를 세상 사람들이 알아들을 수 있게, 무엇보다 그 나라에 관심을 가질 수 있게 하는 용어의 사용은 중요하다.

그런데 이 '공동선'이라는 표현에 어떤 이들은 질문을 품을 수 있다. '철학, 정치, 경제 등 다양한 분야의 사상가들이 그 가치를 추구했지만 실패하지 않았나. 공동선이 실현된 사회가 과연 이 세상에서 가능한가? 그건 유토피아가 아닐까?' 이에 대해선 나중에 나눌 텐데 일단 간단히 말하자면, 누구나 예외 없이 행복을 꿈꾸지만 그 행복을 찾아가는 방법이 각각 다르듯이 공동선도 마찬가지다. 모두가 원하나 찾아가는 방법과 내용은 다르다. 그렇다면 **실제로 무엇을 어떻게 해야 공동선을 이룰 수 있을까?**

성경은 하나님 자신이 공동선이 되시며, 하나님이 본래 이 세상을 공동선의 구조로 만드셨다고 말한다. 세상이 왜 망가졌는지, 그럼에도 어떻게 보존되는지, 망가진 세상을 회복하기 위해 하나님이 무엇을 하셨고 또 하나님의 백성은 무엇을 해야 하는지를 성경의 공동선 관점에서 풀어내 보면 세상에서 말하는 공동선 가치의 허점과 한계가 고스란히 드러난다. 다른 말로 하자면, 이 세상의 그 어떤 철학, 사상, 운동으로도 이룰 수 없던 공동선의 궁극적 차원과 지평을 하나님 나라 복음이 담아내고 있음을 알게 된다. 따라서 하나님 나라 운동으로만 '모두를 위한 공동선'이 이루어짐을 드러내기 위해서는 다양한 세상 사조와 하나님 나라를 비교, 대조하는 것이 필요하다. 그 작업은 기독교의 정체성을 드러내며, 구약성경이 영적, 사회적, 물질적 차원에서 하나님 나라 구성원에게 샬롬을 주는 하나님의 이야기라는 것을 알려 준다.

하나님은 이스라엘을 통해 공동선을 펼쳐 가는 그림을 그리신다. 인간은 본래 자기중심적이라 이러한 하나님의 그림을 망치려 들지만, 하나님은 심판과 회복을 반복하며 예수 그리스도를 공동선의 완벽한 모델로 삼아 이스라엘 역사를 이끌어 가신다. 신약성경과 교회의 역사는 하늘과 땅의 모든 영광을 포기하고 구약성경에 부분적으로 드러났던 공동선을 위한 삼중(왕, 제사장, 예언자) 역할을 온전히 수행하신 예수 그리스도를 통해 그 은혜가 전 세계 모든 문화, 시대, 영역으로 확장되어 가는 이야기다. 동그란 원으로 상징되는 불교는 구심력을 지닌 데 반해, 십자가로 상징되는 기독교는 바깥으로 뻗어 나가는 원심력을 가진다는 영국의 극작가 G. K. 체스터턴Gilbert Keith Chesterton의 말이 이와 깊은 연관이 있다. 공동선 렌즈로 보면 구약과 신약에는 일맥상통하는 흐름이 있다. 따라서 공동선 렌즈로 성경 읽기는 하나님 나라 전공의 필수 과목이라고 하겠다.

공동선이란 무엇인가?

○ ○ ○

우리말로 '공동선'common good은 16세기 라틴어로 'commune bonum', 프랑스어로는 'bien commun'이다. 공동선을 사전적 의미로만 보면 '모든 사람의 유익', '모든 사람의 선', '모든 사람에게 이익이 되는 일반 조건'이다. 얼핏 보기에는 쉬워도 이 정의에는 생각보다 다양하고 복잡한 의미가 담겨 있다. 그래서 공동선은 개념으로 이해하기보다 구체적인 이미지로 느끼는 것이 더 효과적이다. 예를 들어, 한 사람으로는 도저히 해낼 수 없고 두세 사람이 힘을 합쳐야 가능한 커다란 기둥 세우기 같은 장면을 보면 공동선이 무엇인지 바로 와닿는다.

등산을 생각해 보자. 남산은 혼자서도 얼마든지 오를 수 있지만 에베레스트 산은 여럿이 힘을 합쳐야 오를 수 있다. 베테랑 수십 명이 역할을 나누고 조를 짜서 현지인의 도움을 받는다. 베이스캠프를 치밀하게 구축한 후, 가지고 있는 힘과 자원을 나누고 비축하고 지원하는 과정을 반복한다. 그리고 정상 근처에는 한두 사람만 보낸다. 단 한 사람이 정상에 서기도 한다. 그러나 한 사람이라도 오르면 등반대 전체가 등정한 것으로 인정해 준다. 혼자 힘으로 이룬 것이 아니기 때문이다.

오늘날 세계 교회와 인류 사회 앞에는 히말라야산맥처럼 높고 험준한 과제가 잔뜩 펼쳐져 있다. 어느 한 나라나 종교, 개인, 혹은 특정 이데올로기로 해결될 수 없는 것들이다. 결국 모두의 지혜와 정성을 모으는 것이 필요한데 다행히 지금은 기술의 발달로 실시간 소통이 가능한 채널이 온 세상에 거미줄처럼 퍼져 있는 초연결 사회다. 공동의 유익과 공동의 곤경 모두를 극명하게 체험할 수 있다.

모든 사람의 유익이라는 공동선의 특징은 모두에게 바람직하고 모두가 얻을 수 있다는 데 있다. 해와 달과 산과 바다 등은 공통적으로 접근이 가능한 것들이다. 커튼을 치고 어두운 방 안에 스스로를 가두지 않는 한, 아침 햇살은 누구나 누릴 수 있는 공동의 혜택이다. 내가 더 누린다고 해서 다른 이가 덜 누리는 것도 아니다. 또한 공동선을 추구하는 것은 인간의 본성이다. 추운 날씨가 오래 지속되면 다들 햇볕 좀 쬐고 싶다고 생각하는 것처럼, 모든 사람이 공통으로 갈망하는 좋은 대상은 공동선이라고 할 수 있다.

그런데 공동선에 가까운 모델일수록, 즉 모두가 갈망하는 대상일수록 우상이 되기도 쉽다. 고대 근동 지역에서 태양을 남신으로, 달을 여신으로 섬기던 역사는 인간이 공동으로 동경하는 대상에 우상의 속성이 자리했음을 알려 준다. 태양이나 달이 하나님과 유사한 정도를 넘어 하나님의 자리까지 꿰차는 역사는 반복되어 왔다. 어두운 사막을 건너야 하는 상인들에게 달빛의 가치가 얼마나 컸을지 상상해 보면 그 심정이 이해되지 않는 것도 아니다. 사람들이 돈을 좋아하는 이유도 그런 식으로 해석할 수 있다. 살아가려면 돈이 필요하기 때문이다. 여기에 예외는 없다. 같은 방식으로 건강도 행복도 생명도 아름다움도 땅도, 사람들이 자신의 삶을 보전하기 위해 공동으로 갈망하는 대상이 된다. 문제는 최고의 공동선이 되시는 하나님이 아닌 그분에게서 나오는 선물들이 갈망을 넘어 마치 하나님처럼 숭배되면서 공동의 유혹이나 공동의 악으로 돌변하게 되는 것이다. 그러한 사례를 성경과 역사는 잘 보여 준다.

한편, 공동선共同善 혹은 공공선公共善을 공공성公共性이나 공익公益과 구분하는 것이 중요하다. 간단히 설명하면, 공동선이 공공성이나 공익보다 큰 개념이다. 공公은 영어의 public에 가깝고 통합된 전체의 의미가 강조되어 위에서 아래를 조절하는 뉘앙스다. 역사적으로 공공성이나 공익이 획일적이고 억압적인 전체주의의 함정에 빠졌던 것을 떠올리면 이해가 쉽다. 반면, 공共은 common에 가깝다. 구성원 각각의 개별성이 강조되는 뉘앙스로 공동선은 언제나 유연한 공동체적 자유주의를 지향했다. 그뿐만 아니라 공공성이나 공익이 자칫 전체의 이름으로 개인의 선을 침해할 수 있는 부작용을 늘 염두에 둔다. 다시 말해서 공공성publicity이나 공익public good이 전체의 좋음을 강조하는 개념이라면, 공동선common good은 개인의 유익을 소중히 여기며 전체의 유익을 만들어 가는, 즉 전체와 개인의 조화를 중요하게 여기는 개념이다. 따라서 공동선은 공공성과 공익의 약점에서 벗어날 수 있는 큰 그림인 동시에 하나님이 본래 그리신 그림에 더 가깝다. 한마디로 공公과 사私를 조화롭게 아우르는 더 온전한 그림이다.

그런데 이런 식의 정의는 가만 보면 신학의 특별은총 영역에서 다루어지기보다 철학, 정치학, 경제학과 같은 일반은총 영역에서 다루어진 개념이다. 물론 모든 지식은 하나님에게서 온 것이기에 세상의 공동선 정의가 성경의 공동선 정의에 배치되지는 않는다. 그러나 세상의 공동선에는 아주 중요한 것 하나가 빠져 있다. 바로 하나님이다. 그래서 일반 학문에서 다루어지는 공동선은 개인의 선과 사회의 선 사이 어딘가에서 서성이고 있다는 식으로 표현할 수밖에 없다. 공동의 선이 나에게만도 아니고 우리에게만도 아니라면, 나와 우리 사이 어딘가에 있지 않을까 탐색했던 것이다. 이것은 수평적인 이야기는 넘쳐나는데 수직적인 이야기가 빠진 모양새다. 그렇다면 그 빠진 부분은 어디에 있을까? 주님은 밭에 심겨진 하나님 나라를 위한 씨앗 속에 공동선 보화가 들어 있다고 말씀하신다.

공동선 보화는 성경이라는 밭을 기경하다 문득 잡히는 어떤 것이다. 그래서 공동선 찾기를 인문학의 자리에서 신학의 자리로 (단순한 이동이 아니라) 넓혀 가는 작업은 반드시 일어날 수밖에 없다. 보통 철학에서는 어떻게 하면 사회적 공동선, 즉 '사람들 사이에' 올바른 관계를 만들어 낼 수 있을지에 관심을 두고 영적인 차원은 고려하지 않는다. 그러나 공동선에는 영적인 차원도 있다. 일반 학문에서는 이 지점을 의식하지 못하고, 의식한다 해도 접근 방법을 찾지 못해 자신 있게 짚어 주지 못한다.

영적 차원에서 공동선에 접근하기

○ ○ ○

1. 하나님의 존재 방식: 공동선이신 삼위일체 하나님

현대 선물gift 신학자들은 삼위일체 하나님의 존재를 선물의 언어로 다채롭게 묘사한다. 이 기원은 고대교회에서 시작한다. 닛사의 그레고리, 가이사랴의 바실과 더불어 갑바도기아의 3대 교부로 불리는 나지안주스의 그레고리는 삼위일체 교리를 '페리코레시스'perichoresis라는 단어로 풀어냈다. 이 단어는 '둘레'peri와 '주위를 뱅뱅 돌며 춤추다'choresis의 합성어로, 삼위 하나님이 상호 침투하고 상호 내재하는 협력을 본성으로 지니신다는 의미다.

페리코레시스는 포용의 은혜로 춤추시는 삼위 하나님의 이미지를 떠올리게 한다. 그런데 이 춤은 왈츠가 아니라, 아찔할 정도로 높은 공중에서 자신의 몸을 상대에게 내던지는 곡예와 같다. 서로 하나로 이어지는 신적인 춤이다. "내가 아버지 안에, 아버지는 내 안에"라는 주님의 말씀은 이에 대한 묘사다. 성부, 성자, 성령이 서로에게 자신을 완전히 내주는 삶Self-Giving-Life 말고 삼위일체를 설명할 또 다른 말을 찾기란 어렵다.

이처럼 기독교의 하나님은 이슬람의 알라처럼 절대적인 단독자가 아니라 서로에게 자신을 온전히 내주는 존재다. 또한 바다처럼 모든 피조물을 품는 포용의 존재다. 배타성은 그분의 성품이 될 수 없다. 스스로가 하나님께 등을 돌려서 자신을 배제시키는 것일 뿐, 하나님께 진심으로 손을 뻗으면 하나님은 결코 그 손을 뿌리치시지 않는다. 인간은 혐오하고 배제하는 데 익숙하지만 삼위하나님은 포용하고 용서하는 데 익숙하다. 따라서 하나님이 공동선 구조로 짜 놓으신 우주 자체에 처음부터 배제되는 대상은 하나도 없다고 보는 것이 타당하다.

2. 하나님의 활동 방식: 창조 원리인 공동선

성경에 계시된 성부, 성자, 성령은 서로를 갈망하고 서로에게 열려 있으며 함께 활동하는 하나님으로 존재와 속성이 일치한다. 또한 삼위 하나님 안에 내재된 공동선은 이 땅에서 역사하는 공동선에도 그대로 이어진다. 그러므로 기독교의 공동선은 성부, 성자, 성령의 삼중 관계가 하나님, 나, 세상의 삼중 관계에 투영되도록 하나님이 우주만물을 만드셨다는 사실에 기반을 둔다. 이는 창세기 1장의 핵심 메시지이기도 하다.

> 태초에 하나님이 천지를 창조하시니라 땅이 혼돈하고 공허하며 흑암이 깊음 위에 있고 하나님의 영은 수면 위에 운행하시니라 하나님이 이르시되 빛이 있으라 하시니 빛이 있었고 빛이 하나님이 보시기에 좋았더라 하나님이 빛과 어둠을 나누사 하나님이 빛을 낮이라 부르시고 어둠을 밤이라 부르시니라 저녁이 되고 아침이 되니 이는 첫째 날이니라(창 1:1-5)

이 구절에는 공동선의 이미지가 들어 있다. 찾았는가? 오래 전에는 온 가족이 모인 방에 전구 하나만 달랑 있었다. 3절에 나오는 빛이 그런 빛이 아니었을까 상상하게 된다. 성경은 하나 님이 빛을 만드시고 그 빛이 "하나님이 보시기에 좋았더라"고 기록한다. 여기서 '좋다'는 '선하다'는 말과 이어진다. 우리말로 는 좋다, 선하다, 착하다, 어질다 등 다양하게 표현되지만 영어 로는 단순하게 'good'이다. 이 빛은 선하신 하나님을 닮은 빛 이었기에 만들어지는 순간에 하나님이 "좋다"라고 하신 것이 다. 그런데 하나님은 빛을 그 옛날 방에 달려 있던 전구처럼 하 나만 만들고 끝내지 않으셨다. 존재 자체가 빛이신 하나님은 해 와 달과 별들로 빛의 향연을 펼치시며 그 좋음을 계속 이어 가 신다. 하나의 전구가 어두운 방을 비추는 것도 물론 좋지만 여 러 전구가 어울려 만들어 내는 빛들 역시 보기에 무척 좋지 않 을까? 창조세계의 모든 좋은 것이 대부분 이러하다. 하나님은 좋은 것들을 만드시고 그것들이 서로 만나 여러 방면의 좋음이 거의 무한대로 일어나게 하신다.

또한 '좋은 것'들은 개별적인 정체성을 지니고 있다. 그런데 그 정체성은 홀로 생기는 것이 아니다. 그물처럼 연결된 어떤 관계를 통해 만들어진다. 창세기 1장은 낮과 밤이 단독으로도 좋지만 서로 짝을 이루니 더 좋고, 하늘과 땅, 바다와 육지, 해와 달, 식물과 동물, 남자와 여자 모두 상호 관계로 지어져서 삼위 하나님의 공동의 선을 반영하는 영광을 누리는 것임을 알려 준다. 이처럼 창조세계의 질서는 개체의 선과 전체의 선, 개인의 선과 사회의 선이 오묘하게 짜인 방식으로 되어 있다.

그런데 이렇게 전체와 개체를 모두 좋게 하려면 무엇보다 서로 존중하고, 도우며, 긴밀하게 관계를 맺는 호혜 시스템이 마련되어 있어야 한다. 이러한 시스템 없이는 '좋음'이 지속될 수 없고 창의적으로 재생될 수도 없다. 흥미로운 것은 개체의 제한성이 호혜 시스템을 만든다는 점이다. 모든 개체는 출중하지만 제한성을 지니고 있다. 이는 각각의 개체가 특정한 능력을 갖게 한다는 측면에서 무척 좋다. 하나님은 피조물 하나하나를 독특하게 제한하여 창조하시고 서로 다른 제한성들이 맞물리며 조화를 이루는 방식으로 신적 선물을 수여하신다. 쉽게 말해 각자가 가진 특별한 재능으로 공동체의 유익에 기여하도록 하시는 것이다.

하나님은 삼중 관계의 상호 존중, 상호 배려, 상호 절제의 원리대로 이 세상을 지으셨다. 인간이 그에 순종하든 거역하든, 인식하든 무지하든 관계없이 하나님이 지으신 세상의 공동선 원리는 지금도 쉬지 않고 운행 중이다. 인간은 그것을 아는 만큼 보게 된다.

3. 최고의 공동선이신 예수 그리스도

이미 언급했듯이 이 세상은 공동선이 되시는 하나님의 존재 방식과 활동 방식으로 만들어졌다. 모든 피조물을 소중히 여기며 모든 사람의 의견을 존중하는 것이 하나님의 창조 질서 원리다. 개체의 선과 전체의 선이 철저하게 조화를 이루는 것이다. 이러한 하나님 나라의 속성을 가장 잘 보여 주는 모델이 바로 에덴이었다. 그러나 안타깝게도 선악과 그늘 아래서 공동선은 깨어졌다. 이것이 아담과 하와 타락 사건의 본질이다. 죄와 타락은 하나님의 방식이 깨어지고 얼룩지고 뒤틀린 것이다. 예수님은 십자가 죽음과 부활을 통해 그것을 극복하는 첫 열매가 되셨다.

부활하신 예수님은 공동선의 존재 양식과 활동 양식을 교회 안에서 (부분적이지만) 선취하신다. 그리고 장차 다시 오실 때 천국과 우주가 하나로 재구성되면서 하나님의 공동선 존재 양식과 활동 양식은 온전히 회복될 것이다. 그것이 마침내 드러난 새 하늘과 새 땅이다.

부활하신 예수님은 영화로 치면 마치 예고편과 같다. 교회는 '하나님 나라'라는 영화의 예고편을 접한 존재인 것이다. 제자들이 본 예고편, 즉 부활하신 예수님은 공동선의 원리로 된 하늘의 영역과 (다소 제한되고 손상되긴 했어도) 공동선의 방식으로 구성된 땅의 영역이 하나로 재결합된 실체다. 이 부활의 첫 열매는 영적, 사회적, 우주적 차원으로 확장되어 갈 영원한 운명을 가지고 있다. 지금은 교회가 그 나라를 구리거울로 희미하게 보지만, 그날이 되면 그 나라가 마주하는 얼굴로 다가올 것이다. 이러한 의미에서 월터 브루그만Walter Brueggemann은 공동선이 세상을 향한 하나님의 선교 여정의 특성이자 샬롬의 비전이라고 말한다.

4. 교회는 영적 공동선을 위한 공동체

성부, 성자, 성령 하나님은 상호 존중, 상호 배려, 상호 절제하면서 서로의 영광을 극대화시키는 분이다. 우리가 공동체를 이루어 사는 것은 삼위 하나님을 닮아서다. 공동체를 뜻하는 'community'는 '함께'의 'com'과 '선물'이라는 'munus'가 합해진 말로, 공동체란 '서로에게 선물이 되어 주는 모임'이다. 그렇다면 **교회는 어떻게 서로에게 선물이 되어 주고 있을까?**

삼위 하나님으로 말미암는 공동의 선하심을 사람과 더불어 공동의 유익으로 나누는 최초의 자리가 에덴이다. 에덴은 공동의 선을 지향하는 방식, 즉 남성과 여성, 부모와 자녀, 이웃이 각자의 은사와 재능으로 협력하도록 설계되었다. 자신의 선악 기준으로 누군가를 판단하거나 정죄하지 않고, 서로의 다름을 인정하고 존중하며, 나의 것을 상대에게 선물로 내줌으로써 공동체 모든 구성원이 모두의 은사를 누릴 수 있도록 디자인된 곳이다. 이 같은 창조의 신비를 로완 윌리엄스Rowan Williams는 그의 책『바울을 읽다』Meeting God in Paul에서 다음과 같이 말한다. "모든 사람에게는 각자 다른 누군가에게 줄 선물이 있다. 모든 사람에게는 한 사람 한 사람이 지닌 선물이 필요하다. 그렇기에 누군가 문제를 겪거나 고통을 당한다면 이는 모두의 문제이다." 한마디로 개인의 좋은 것 하나를 가지고 공동으로 누리는 커다란 좋음에 참여한다는 것이다. 모두가 수지맞는 장사를 하도록 배려하신 셈이다.

하나님은 에덴에서와 마찬가지로 교회 공동체 안에서 각자가 가진 것으로 서로에게 선물이 되도록 하신다. 더욱이 교회는 '그리스도의 생명'이라는 공동 선물을 공유하는 유기체다. 여기서 중요한 것은 육신을 입고 오신 그리스도가 소유의 일부가 아닌 자신의 전부를 온전히 공동 선물로 내주었다는 점이다. 예수님이 몸을 가진 인간이 아니셨다면 굳이 얼굴을 마주하는 가시적 공동체여야 할 필요가 없을 것이다. 그리스도는 잠시 빌리거나 꾸민 몸이 아닌 친히 아기의(인간의) 실제 얼굴로 이 땅에 오셨고, 친히 수난자의 실제 얼굴로 십자가에 달리셨으며, 친히 영광스러운 실제 얼굴로 부활하셨다. 그리고 빵과 떡도 친히 떼어 주셨다. 교회에서 그리스도인들이 서로 얼굴을 마주하는 모든 만남은 부활하신 그리스도의 실제 얼굴 안에서 영원한 현재이다.

하늘에서 삼위로 계시는 하나님이 서로에게 자기를 내주는 온전한 사랑은, 그리스도인들이 얼굴을 마주하며 나누는 공동 말씀과 공동 기도, 공동 찬송과 공동 성찬, 공동 고백과 공동 섬김을 통해 이 땅에 그대로 비친다. 이렇게 그리스도인들이 신적인 거울이 되는 사건을 가리켜 성경은 '교회'라고 말한다. 인간의 도성이 욕망과 무정, 소외와 불안, 단절과 배제로 치달을수록, 오히려 교회 공동체는 삼위일체적인 감사와 온유, 우애와 평안, 연대와 포용이 가득한 하나님의 도성으로 드러나 사람들에게 새로운 희망을 지향하도록 해야 한다.

하나님 나라의 공동선을 일구는 그리스도인들

○ ○ ○

신약성경에서 공동선의 입체적인 측면을 가장 잘 보여 주는 구절이 있다면 갈라디아서 6장이 아닌가 싶다.

우리가 선을 행하되 낙심하지 말지니 포기하지 아니하면 때가 이르매 거두리라 그러므로 우리는 기회 있는 대로 모든 이에게

착한 일을 하되 더욱 믿음의 가정들에게 할지니라(갈 6:9-10)

사도 바울은 공동선의 삶에 적어도 두 개의 측면이 있다고 말한다. 바로 **교회의 공동선**과 **인류의 공동선**이다. 그리스도인이든 아니든 모두가 **이웃**인 것을 우리는 분명히 알고 있다. 그런데 바울의 이 메시지는 마지막 부분으로 인해 교회 안의 사람을 우대하라는 차별적 사랑으로 오독될 수 있다. 물론 바울의 진짜 의도는 그것이 아니다. 믿음의 가정, 즉 내 곁에 있는 가까운 이웃에서 사랑을 시작하라고 말하는 것이다.

하나님 나라는 가까운 데서 시작된다. 지구 반대쪽에 사는 인류를 걱정하기는 쉽지만 정작 내가 사는 마을을 돌보는 것은 어렵다. 일상에서 구체적인 행위로 사랑을 실천한다는 건 용기와 인내, 결단이 필요한 일이기 때문이다. 그래서 복음주의자 짐 월리스Jim Wallis는 공동선의 사랑이 시작되는 곳은 다름 아닌 가정이라고 힘주어 말한다. 같은 아파트에 사는 이웃, 출석하는 교회의 교우, 직장 동료, 일상에서 접하는 이들에게 선을 베풀지 않는데 어찌 먼 나라 이웃을 섬길 **기회**가 찾아오겠는가.

우리가 책임져야 할 대상은 인류가 아니다. 세상 모든 사람을 돌보는 일은 하나님의 몫이다. 우리는 가까운 이웃에게 선을 베풀면 된다. 물론 우리에게도 그분의 일에 참여할 기회가 주어질 때가 있다. 세상의 이웃에게 최소한의 물질적 선물을 나눌 수 있고, 믿음의 가정에게 영적인 선물도 나눌 수 있다. 바울은 그 정도만 되어도 공동선을 위한 삶으로 넉넉하다고 가르친다.

바울의 이러한 사상을 칼뱅John Calvin은 그의 성찬 신학에 적용한다. 어떤 교회가 성찬식을 매주 거행하는데, 참여하는 교우 중에 궁핍한 사람도 있고 날마다 연회를 벌이는 부유한 사람도 있다. 만약 부유한 이가 가난한 이를 전혀 돕지 않는다면 그 교회의 성찬식은 진실일까 거짓일까. 칼뱅은 성찬식이 물질의 나눔 없이 영적 교제로만 거행된다면 한마디로 판타지에 불과하다고 일갈했다. 공동선의 실천이 빠진 성찬은 기독교 예전이 될 수 없고 영지주의 예전에 불과하다는 말일 것이다. 프랑스 떼제 공동체에서 부르는 찬양 중에 "사랑의 나눔 있는 곳에 하나님께서 계시도다"라는 가사를 기억하는가? 하나님은 사람들이 사랑을 나누는 자리에 계신다. 여기서 '사랑의 나눔'을 공동의 선으로 바꾸어 말할 수도 있지 않을까.

각 사람이 하나님과 올바른 관계를 회복하고 그것을 바탕으로 사람들 사이에도 풍성한 관계가 맺어질 때 성경이 말하는 하나님 나라가 이루어진다. 하나님 사랑과 이웃 사랑이 모두 완성된 곳, 영적인 공동선과 사회적인 공동선이 나란히 구현되는 곳, 하나님에 대한 사랑이 완성되어 영적인 공동선을 누리는 곳이 있다면 그곳이 **새 하늘**이요, 이웃에 대한 사랑이 완성되어 사회적인 공동선을 누리는 곳이 있다면 그곳이 **새 땅**이다. 물론 세상 학문에도 땅을 새롭게 하려는 꿈은 있다. 그러나 성경은 새 하늘이 없는 새 땅은 없다고 가르친다. 새 하늘이 있어야 새 땅도 있다는 것이 성경이 말하는 공동선의 리얼리티다. 하늘 아버지의 나라가 하늘에서 이루어진 것처럼 땅에서도 이루어지기를 바라는 주님의 기도에는 성경적 공동선의 원리가 고스란히 담겨 있다.

공동선을 위한 은혜와 각종 선물로 충만한 세상에서 살면서도, 나 자신에게만 민감하게 몰두한 채 타인의 아픔에는 둔감하게 반응하고 있지 않은가? 성령은 이웃과 더불어 살아가는 하나님 나라, 바로 그 나라를 위해 헌신하는 새로운 존재 양식을 그리스도 안에 활성화activation하신다. 나는 본래 사랑할 수 없었는데 성령의 인격적 감화의 역사로 사랑할 수 있는 존재가 된다. 성령 안에서 그리스도와 하나 된 신자는 공동선을 추구하는 새로운 존재 양식을 입고 하나님 나라의 삶 속으로 진입한다. 우리 눈에서 개인주의의 비늘이 벗겨져 예전에는 보지 못했던 것들이 잘 보이는 '영적 개안'이 일어나기를 바란다.

21세기를 위한 영성: 하나님 나라의 공동선

○ ○ ○

오늘날 기술 문명 덕분에 전 세계가 유기적으로 연결되면서 사람의 몸처럼 되었다. "모든 것은 좋든 나쁘든 공동의 것"이라는 루터Martin Luther의 말이 날마다 실감 나는 초연결 시대로 진입한 것이다. 한국사회는 그와 동시에 '초갈등'이라는 신조어가 시대의 키워드가 될 만큼 개인과 집단 가릴 것 없이 갈등이 일상화되었다.

영국 옥스퍼드의 신학자 알리스터 맥그래스Alister McGarath는 21세기 기독교 신학의 최대 과제를 묻는 말에 '공동체 신학'이라고 답했다. 아퀴나스Thomas Aquinas의 『신학대전』*Summa theologiae*을 완역한 정의채 신부는 3천 년대의 인류 역사가 공생, 공존, 공영의 시대로 들어가고 있다고 전망하며, 이 시대의 핵심 가치는 모두가 번영하는 삶을 살 수 있도록 생명을 소중히 여기고 사랑을 나누는 데 있음을 강조한다. 3천 년대의 핵심 가치가 생명과 사랑이 되어야 한다는 것은 결국 **공동선의 문화**가 도래해야 한다는 말과 다르지 않을 것이다. 기독교에서 가르치는 하나님 나라의 속성인 공동선이 개체의 선인 생명과 관계의 선인 사랑으로 구성되어 있기 때문이다. 하지만 오해해서는 안 된다. 위기에 봉착한 인류가 살아날 길이 생명과 사랑의 문화 수립에 있다는 말은 인류 공통의 종교를 만들자는 것이 아니다. 이는 인류 사회가 최소한 일반은총 차원에서 하나님의 창조 질서인 공동선의 가치를 보존하고 회복하는 삶의 양식을 채택할 수 있도록, 교회가 사회와 공동 책임을 다해야 한다는 의미다.

그렇다면 21세기에 꼭 필요한 영성은 인류 공동의 선을 추구하는 영성이 되지 않을까. 아브라함 당시에도 구성원들이 큰 갈등에 빠진 적이 있었다. 그때 그들을 살게 한 가치는 화해, 공동선을 지향하는 생명, 그리고 사랑의 실천이었다. 해 아래 새로운 것이 없듯이 이 사회도 생명과 사랑이 있는 공동 우물을 어떻게 장만하느냐에 모두가 살아날 길이 있다.

하나님은 생명을 살리는 선한 마음의 한 사람을 확보하기 위해 아브라함을 불러내 평생 이끌어 가셨고, 아브라함은 그분의 인도하심을 평생 따랐다. 아브라함에 이어 이삭, 야곱, 요셉, 그리고 그 외 모든 형제가 처음에는 자기밖에 모르는 인간으로 살다가 결국 세상 모든 민족을 복되게 하는 공동선의 사명자로 거듭나는 과정을 혹독하게 겪었다. 생명의 길은 좁을 뿐만 아니라 지름길도, 꽃길도 없는 듯하다. 오히려 공동선의 길은 유혹에 시달리던 수도자 베네딕트St. Benedictus de Nursia가 마음을 정화하기 위해 피투성이가 되도록 벗은 몸으로 뒹굴었다는 가시

2부 · 건강한 교회의 신학적 기초

밭길을 닮았다.

하나님 나라 복음은 이 세상보다 큰 차원이다. 세상의 이념은 세상보다도 작은 차원이다. 자유주의, 자본주의, 사회주의 등의 이념은 상대적으로 구조와 내용에 있어 인간 삶에 더 나은 점과 그렇지 않은 점이 있고, 또 운용하기에 따라 가시적인 결과가 달라질 수도 있다. 그러나 아무리 좋은 이념도 복음은 고사하고 세상보다 작다는 것을 잊어서는 안 된다.

그런데 한국교회는 안타깝게도 보수와 진보를 막론하고 자신이 취한 정치적 이념을 복음과 거의 대동소이한 가치가 있는 것처럼 주장해 왔다. 이제는 달라져야 한다. (하나님 나라 복음이 사적 구원의 보증서가 아니라 우주보다 큰 공적 세계를 지니고 있음을 배워서 아는) 그리스도인만이라도 세상 이념에 사로잡혀 상대를 악마화하거나, 폭력으로 압제하거나, 거짓으로 소외시키는 정치 집단을 향해 하나님의 심판을 전하고 하나님 나라의 시민으로 모범을 보이는 역할을 감당해야 한다.

정파의 이익에 빠지는 것은 하나님 나라의 공동선을 추구해야 하는 그리스도인이 가장 경계할 일이다. 공동선의 메시지를 꾸준히 설파하는 짐 월리스는 보수와 진보가 각각 가진 최선의 요소, 즉 보수의 가치인 개인의 자유와 책임, 진보의 가치인 사회의 평등과 정의로 공동선이 이루어진다고 말한다. 그러면서 어느 한쪽으로 치우치기보다 중심에 서서 그 자리를 더 깊이 파고들어야 한다고 덧붙인다. 그러나 우리는 좌우로 흔들리지 않는 것을 넘어 한 걸음 더 나아가야 한다. 바로 낮아지는 것이다. 아무리 탁월한 능력을 갖추었다 해도 스스로 겸허해지지 않으면 날카롭게 대립하는 양쪽에서 최선의 요소를 이끌어 합의하는 조정자가 되기 어렵다. 바다는 높아서가 아니라 깊어서 산맥보다 광대하다. 우리나라의 보수와 진보가 민주주의를 외치면서도 상생의 정치를 하지 못하는 건, 서로 높아지려 했기 때문일지 모른다. 아무리 좋은 정책도 내가 하는 것이 아니면 받아들이지 못하는 것이다. 그래서 결국 나도 너도 그 좋은 일을 못하게 된다. 결국 보수와 진보를 만나게 하는 길, 영성과 공공성을 결합하는 길은 깊은 바다로 한없이 낮아지는 십자가의 좁은 길 말고는 없다.

역사신학자 김명혁은 기독교의 특징과 힘이, "아마도 약함, 착함, 주변성에 있지 않겠는가?"라고 말했다. 모든 것을 내어버리는 '약함', 타자를 위한 존재가 되어 함께 살며 나누고 베푸는 '착함', 자기를 부인하고 변두리로 달려가는 '주변성'. 한국 교회의 선각자들은 이 세 가지 영성으로 공공성을 아름답게 펼쳐 나갔다. 당대 최고의 의사였지만 병원 옥탑방에서 무소유의 삶을 살며 가난한 사람들을 무료로 진료하고 의료보험의 싹을 마련했던 장기려 박사, 오산학교를 설립한 겨레의 스승이면서 똥통 청소는 도맡았던 남강 이승훈 선생, 미국에서 고학 끝에 일군 서구식 기업을 고국에서 더욱 꽃피우고 그 결실을 사회에 환원했던 기업가 유일한 박사, 피난민으로 시작된 대형교회 목회를 하면서 청빈, 검소, 겸손으로 나라와 민족을 아름답게 섬겼던 한경직 목사, 유복한 집안의 신여성으로 자랐지만 고아와 병자, 걸인과 나환자를 섬기다 스물셋 꽃다운 나이에 세상을 떠난 조선의 성자 방애인 선생 등 한국교회의 위대한 선각자들은 하나같이 물신주의와 성공주의, 국가주의와 개인주의의 우상에 굴복하는 사적 신앙의 유혹에 빠지지 않았다. 그들은 하늘의 은총을 맛본 후 자신이 가진 것을 아낌없이 바치며 일생 겸손하게 공익을 위한 삶을 감당했다. 그들의 공통점은 자기를 부정하고 주님의 약함과 착함과 주변성을 흠모하며 이름도 없이 빛도 없이 살아간 것이다.

짐 윌리스는 누가 우리의 이웃인지, 원수와 타자를 어떻게 대해야 하는지에 관한 성경 말씀을 살펴보면 그리스도인은 공동선의 가치에 헌신하지 않을 수 없다고 말한다. 그리스도인은 자유와 평등이 하나님이 원하시는 수준에서 구현되게 하는 십자가의 길, 즉 하나님 나라의 길을 걸어가도록 부름받은 존재다. 이념의 동심원보다는 코스모스의 동심원이 더 크고, 코스모스의 동심원보다는 하나님 나라 복음의 동심원이 더 크다.

창세기 12장에서 하나님이 아브라함을 부르며 주신 메시지가 무엇이었는가? 약속의 땅에서 하나님이 원하시는 나라를 준비하라는 것이었다. 이때 핵심은 '약하게 되어라', '착하게 살아라', '변두리로 가라'였다. 그래서 아브라함은 살기 좋은 대도시 우르에서 변변치 않은 시골 가나안으로 떠났다. 이 세상의 모든 강한 것보다 강하신 하나님의 약함, 이 세상의 모든 악함을 누르고도 남는 하나님의 착함, 이 세상의 모든 중심을 다 무력하게 만드시는 하나님의 주변성, 장차 예수 그리스도의 십자가와 부활을 통해 완성하실 그 나라로 아브라함을 초대하셨다. 바로 "아브라함과 다윗의 자손 예수 그리스도의 세계"다(마 1:1, 개역한글).

함께 읽으면 좋은 책들

- 송용원. 『성경과 공동선』. 성서유니온, 2023.
- 천종호. 『천종호 판사의 하나님 나라와 공동선』. 두란노, 2022.
- 월터 브루그만. 윤상필 옮김. 『하나님, 이웃, 제국』. 성서유니온, 2020.
- 짐 월리스. 박세혁 옮김. 『하나님 편에 서라』. IVP, 2014.

2부 · 건강한 교회의 신학적 기초

3장

교회는 세상을 어떻게 변화시키는가?

: 21세기 한국의 사회문화적 배경과 과제를 중심으로

백광훈(을지대학교 교목)

위기 속의 한국교회

○ ○ ○

한국교회의 위기는 어제오늘 이야기가 아니다. 위기는 교인 수의 지속적인 하락과 젊은 층의 교회 이탈, 목회자 지원자 수 급감 등 숫자로 표현되지만, 이보다 심각하게 여겨야 하는 것은 숫자 뒤에 깔린 교회의 신뢰도 약화와 대사회적 영향력의 상실이다. 코로나19 팬데믹 상황에서 보인 일부 교회와 그리스도인의 미숙한 대응, 정치적 의제에 대한 정파성과 과몰입 또한 한국교회의 위기를 가속화시켰다. ESG 경영 및 공정 담론이 주요의제로 부상하면서 그에 발맞춰 사회가 급변하는 데 반해, 교회는 그 존재 양식과 대사회적 응답 방식이 여전히 과거에 머물러 있는 경우가 많다. 언론이나 대중매체에서 그런 교회의 모습이 시대착오적으로 비춰지는 경우가 많다는 점도 위기다.

"너희는 세상의 소금과 빛"(마 5:13-14)이라는 예수님의 말씀은 그리스도인의 신앙과 교회됨의 맥락이 본질적으로 이 세상 속에 있음을 알려 준다. 다시 말해, 교회가 세상으로부터 유리된 채 천국만을 소망하는 사적 공동체로 머무는 것이 아니라 하나님 나라 실현의 전진기지가 되어야 한다는 것이다. 이러한 비전은 한국교회 초기에 적극적으로 작동하였다. 실제로 1980년까지 한국교회가 사회·문화 발전 전반에 긍정적인 역할을 수행했다는 것을 여러 연구들이 말해 준다.

그러나 이 같은 종합적 비전은 21세기 사회적 맥락의 변화 속에서 역사적 기억으로 퇴각하고 있다. 포스트모더니즘, 물질주의 강화로 인한 신앙의 세속화, 민주화된 사회문화의 탈동조화, 문화적 게토화, 공공성의 위기는 한국교회에 전면적인 변화와 개혁을 요청하는 상황이다. 이는 일종의 세속화secularization 맥락의 위기로 설명할 수 있다. 교회가 세상의 영향을 받아 그 본연의 비전을 상실해 가는 현상이자 세상이 더 이상 교회의 가르침에 귀를 기울이지 않는다는 의미다.

이러한 때 한국교회의 시급한 과제는 세속적 상황에 적절히 응답하는 것이다. 세속화의 징후들을 먼저 경험한 서구에서는 근대화로 인한 세속화가 반드시 종교의 쇠퇴로 이어지는 것이 아니며, 무엇보다 이 같은 상황에서도 기독교의 부흥이 가능하다는 것을 실제로 보여 주었다. 우리는 이를 주목할 필요가 있다. 기독교 본연의 영적 기능을 다시 발견하고, 근대화가 만들어 낸 공론장에 머물면서, 공공의 선(공동선)을 증진시키는 교회는 여전히 부흥하고 있다는 **후기 세속화론** post-secularization theory 에 귀를 기울여야 한다.

후기 세속화론은 교회론의 전환으로 이어진다. 즉, 온전한 신앙인을 길러 내는 것뿐만 아니라 건강한 공동체로서의 조직을 구축하는 것이 교회의 과제임을 일깨우는 것이다. 동시에 그러한 교회됨은 하나의 사회·문화적 제도로서 존재해야 한다는 것을 시사한다. 교회가 개인과 교회만을 위한 공동체로 머무는 것이 아니라 **사회의 일원으로서** 제도의 문법을 공유하고, 또 문화 변동의 촉진자가 되어 하나님 나라에 참여한다는 뜻이다. 이것이 바로 건강하고 온전한 교회됨을 이루는 일이다.

이 글에서는 한국 사회문화 변동의 맥락들을 살펴보고, 21세기 한국교회가 형성해 가야 할 건강한 교회의 조건들을 제안하려고 한다.

한국교회와 사회 변동: 초기 한국교회부터 1980년대까지

○ ○ ○

21세기 한국교회가 나아갈 방향을 모색하기 위해서는 그동안 교회가 응답해 온 방식을 살펴볼 필요가 있다. 우선 한국교회 초기에서 1980년대까지, 교회는 사회 발전[1]의 요인이 되었다. 정치, 경제, 복지, 문화의 발전에서 질적, 양적 측면으로 상당한 역할을 차지하였고, 한국 개신교회는 사회 변화를 이끈 종교로 인식되었다.

한국사회에 기독교가 전파되고 그 포교 과정에서 한국교회는 합법적으로 활동한다는 이미지를 주었는데, 특히 교육과 의료 활동을 통하여 왕실과 빈민층에 호혜적이고 봉사적인 태도를 보이면서 신뢰와 안정의 기반을 넓혀 나갔다. 조선 사회의 종교적·가치적 질서에 실망한 이들에게 기독교는 호소력 있는 **새로운** 삶의 지침과 의미일 수 있었다.[2] 또한 초월적 유일신에 대한 헌신과 충성에 일차적인 관심을 두는 기독교는 근대적 변동의 주체적 에너지를 공급했다. 3·1 운동에서 교회 공동체가 차지한 비중을 보아도 알 수 있다.[3] 기독교가 담고 있는 신념과 상징의 한 축이 세계 변혁의 가능성이라고 할 때, 세속 세계로부터 도피하지 않고 사회를 바꾸려는 의지가 강하게 작동하였다고 할 수 있다.

이러한 기독교의 비전과 영향력은 상당 기간 지속되었다. 먼저 **민주화 영역**에 있어서 1960년대 보수 성향을 가진 교회의 사회통합 역할과 정치적 민주화를 향한 교회의 적극적인 행보(1965년의 굴욕적인 한일협정 비준 반대운동, 1969년 3선 개헌 반대 운동 등)가 그 예다. 특히 7-80년대 이후 군부 독재하에서 NCCK, YMCA, 도시산업선교회 등 다양한 기관을 통해 교회가 민주화 과정에 매우 적극적인 역할을 하였다는 평가를 받는다.[4]

경제적 평등화 측면에서는, 1960년대 이후 급속히 도달한 산업사회에서 이른바 순복음적 신앙유형을 가진 교회들이 나름의 사회통합적 기능을 수행하였다고 볼 수 있다. 순복음 교회의 성장은, 물질적 성공에 치우치고 정의로운 분배 및 공정성에 충분한 관심을 기울이지 않았다는 한계에 직면하기도 했다. 하지만 신앙과 풍요로운 삶을 동시에 추구하는 탈이원론적인 신앙관으로 한국사회의 경제적 평등화에 기여한 것은 사실이다.[5] 동시에 진보적인 성향의 교회들은 산업화가 낳은 부작용을 인식하여 소위 산업전도를 실행하였다. 특히 IMF 이후 1998년도에 발표한 "경제위기 극복을 위한 교회의 신앙각서"는 경제위기와 지구화 시대에 교회가 가져야 할 역할을 제시했다.[6]

사회의 복지화 영역에서도 교회의 역할을 빼놓을 수 없다.

구한말, 교회는 전통 종교들과는 달리 학교와 병원을 통한 사회 봉사와 생활개혁에 앞장섰다. 20세기 말에 들어서며 교회는 사회봉사적 책임이 있음을 인정하고 상당수가 지역사회 봉사사업을 시작하였다. 대형교회는 사회복지 재단을 설립하여 대대적인 복지 사업을 전개하는 한편, 일부 교회는 정부로부터 지역사회 복지관을 위탁받아 운영하기도 했다. 교회의 사회복지 영역의 진출은 통계상으로도 나타난다. 1979년 보건사회부 자료에서 종교별 등록시설을 보면 부녀복지시설의 87%, 아동복지시설의 91%, 양로원시설의 67%가 기독교 계통의 시설이다. 또한 1987년 조사에 따르면 사회복지시설 종사자 63%가 개신교 신도이고, 가톨릭 14%, 불교 6%, 원불교 5%, 천도교 1%, 무종교 15% 등으로 나타났다.[7] 이러한 수치는 한국사회의 발전에서 교회 공동체가 보여 준 잠재력이라고 할 수 있다.

마지막으로 한국교회는 근대 문명을 매개해 **한국문화 성숙**에 기여했다. 특히 80년대 이후 교회에서 전개한 민중의식화 운동과 복음주의 문화운동은 한국문화에 변동의 에너지를 공급했고, 성경 번역과 보급 등은 한국 문학을 발전시켰다. 교회는 사회적으로 높아진 전통문화에 대한 관심을 수용하며 판소리와 탈춤을 기반으로 한 〈예수전〉과 〈예수의 생애〉 등을 통해 현실 사회의 이데올로기를 비판하기도 했다. 그와 동시에 사회

참여보다는 복음으로 개인과 사회를 변화시키려 하는 복음주의 문화운동도 진행하였다. 이러한 전략은 기독교적인 세계관 형성을 통해 개인을 제자화시키는 데 주안점을 두고 기독교문화관, 윤리실천 운동 등을 전개함으로써 도덕적 위기에 직면한 한국사회에 사회통합적 기능을 제공하였다고 할 수 있다.[8]

한국교회가 짧은 시간에 성장하고 그 사회적 영향력을 발휘할 수 있었던 것은, 복음이 가진 생명력 때문이라고 할 수 있다. 또한 영혼 구원을 향한 열정과 교회 공동체의 활발한 전도의 결과이기도 할 것이다. 그러나 정치, 경제, 사회·문화 전반에서 공적 기능을 활발하게 수행한 것에서도 그 이유를 찾을 수 있다.

21세기 사회문화적 변화 맥락과 한국교회

○ ○ ○

그렇다면 오늘날 한국교회는 어떠한가? 사회 발전에 필수적, 긍정적 요소로 인식되고 있는가. 우리는 이 물음에 긍정적으로 답하기 어렵다. '사회 발전'이라는 개념의 모호성을 감안한다고 해도, 교인 수 감소에 따른 물적·인적 자원으로서의 기능 약화, 신뢰도 하락으로 인한 담론장에서의 소외, 이에 따른 공론장 전체의 축소 현상은 분명하다. 이는 사회 발전에 부정적인 영향을 미칠 가능성이 높다. 무엇보다 초월적 세계의 안내자이자 개인과 집단의 통합 및 정체성 형성에 영향을 미치는 기독교의 역할 축소는 무종교 사회로의 가속화를 가져올 것이다.

이러한 교회의 영향력 저하는 1990년대 이후 교회를 둘러싸고 전개된 사회문화적 지형변화와도 연결된다. 포스트모더니즘의 등장, 경제 발전에 따른 물질주의 강화, 초월성 상실로 인한 종교의 상품화 현상, 사회정치적 차원의 민주주의 의식의 강화, 교회의 게토화 현상, 공공성에 대한 요구와 감각의 부재 등이 그것이다.

1. 포스트모더니즘, 다원성 사회로의 전환

포스트모더니즘은 1960년대 이후 시작된 탈근대적 운동으로서 전통 규범의 해체를 의미한다. 거대 담론에 대한 불신이자 데카르트식의 '명확하고 분명한 이성'에 기초한 보편적 진리관에 대한 도전이었다. 이는 근대성이 기초하고 있는 이성, 남성, 서구, 종교, 전통에 대한 저항으로, 특히 기존 체제의 해체와 다원성 및 상대주의를 강조한다는 점에서 절대적 가치를 고수하는 기독교와 교회를 더욱 거부했다. 서구에서 시작된 포스트모더니즘을 한국적 맥락에서 그대로 적용하는 것은 제한적일 수밖에 없다. 그러나 분명한 것은 90년대 이후 문학, 사상, 영화,

2부 · 건강한 교회의 신학적 기초

대중문화 등의 영역을 통해 포스트모더니즘이 젊은 세대에게 현실성 있는 사상의 틀을 제공하여 왔다는 사실이다.

2. 종교의 시장화와 교회의 종교 세속화

포스트모더니즘과 다원주의 상황에서 '절대성'은 그 지위를 급속하게 잃어버린다. 경쟁하는 모든 세계관이 상대화되고, 종교적 전통 역시 탈독점화된다. 한마디로 종교 영역이 시장화되는 것이다. 유교, 불교, 신흥종교, 심지어 이단 사교 등이 활발하게 공존하는 한국사회의 다종교적 맥락은 이러한 시장 구조를 강화하고, 종교는 경쟁시장에 내몰리면서 세속화된다. 여기서 종교의 세속화란, 종교가 일종의 종속 변수로서 사회적 변화에 영향을 받는 것이다. 이 과정에서 **상품화**라는 메커니즘이 종교 안에 들어오게 된다.

상품화 현상은 마치 물건을 고르는 것처럼 종교가 개인의 선택이나 선호의 영역이 되는 위험을 가진다. 이 같은 사적 영역으로의 축소와 퇴거는 개인과 사회를 단절시키는 현상으로 드러난다. 이를 기독교적 맥락으로 설명하면, 복음이 개인의 심리나 욕망을 해결하는 문제로 바뀌기 쉬울뿐더러 하나님 사랑과 이웃 사랑이라는 복음의 온전성을 실천하고 하나님 나라 형성에 참여한다는 그리스도인과 교회의 비전이 해체되기에 이른다.

3. 민주주의의 보편질서화: 교육, 여성, 소통 구조

21세기 한국사회에서 민주화는 보편적 사회질서다. 이는 절차적 정당성으로서의 민주화이자 시민의식의 주체성의 발현이라고도 할 수 있다. SNS, 유튜브와 같은 개인 미디어의 발달과 쌍방향/다중 소통의 디지털 미디어 환경의 변화는 대중, 개인, 시민의 주도성을 강화시킨다. 더불어 높은 교육 수준은 능동적 참여자로서의 주체성을 키워 의사결정 구조에서 소외되었던 이들, 예를 들면 여성의 자리 찾기로 이어진다. 사회의 남녀 구성 비율을 반영하지 못하는 한국교회에는 이것이 개혁의 과제로 등장하고 있다. 교역자와 소수의 리더를 중심으로 이루어지던 교회 공동체의 의사결정 구조에도 변화를 요청하는 것이다. 위계적 의사결정 구조는 교회 공동체의 다양한 구성원들의 구조적 참여 보장이라는 거버넌스 개혁의 문제로 확대되고 있다.

4. 공공성에 대한 요구와 감각의 부재

다원화되고 민주화된 사회에서 교회는 광장 가운데 있다. '광장'이라는 비유는 교회의 공적 위치를 보여 준다. 광장은 하나의 이념이 아니며 전통, 시장, 문화, 자연과학, 종교로부터 나온 다양한 원칙과 자원들로 구성된다. 종교는 다원사회 속 광장을 작동하게 하는 언어와 문법, 원칙, 윤리를 요구받고 있다. 그러한 요구에 적절하게 응답하지 못할 때 종교로서의 교회는 위기를 맞는다. 이는 '공공성'의 위기이기도 하다. 오늘날 이 위기와 갈등은 다양한 영역에서 일어난다. 코로나19 관련 갈등에서도 보았지만 예배라는 교회 내적인 당위논리와 공공의 안전성 관계, 교회 안에서 관행적으로 수용되던 것들에 대한 사회적 불인정, 교회 지도자와 신앙인들의 부적절한 공적 언행 등은 교회의 게토화를 촉진시키고 교회에 대한 신뢰도를 약화시킨다.

후기 세속사회(post-secular society) 속 교회됨의 맥락

○ ○ ○

이러한 변화의 맥락을 종합적으로 보았을 때, 한국교회는 일종의 **세속화 상황**에 직면했다고 말할 수 있다. 교회 공동체의 양적 성장이 멈추었거나 교회의 사회적 영향력이 심각하게 저하된 상태에 처했다는 뜻이다. 종교사회학에서 세속화란 사회적 차원과 개인적 의식 차원 모두에서 종교적 영향력의 쇠퇴를 의미한다.[9] 막스 베버Max Weber 이후 근대화가 되면 종교의 역할이 사라질 것이라는 세속사회론이 서구 사회에서 광범위하게 제기되었다. 종교는 그 이론에 따라 쇠락과 소멸의 길을 갈 것이 분명해 보이기도 하였다. 그러나 결론적으로 말하면, 세속화론이 반드시 들어맞지는 않는 여러 현상이 보고되었다. 근대화된 세계에서도 기독교를 비롯한 종교들은 건재할 뿐만 아니라 성장을 이어 가고 있고, 더욱이 사회문화와 경제 전반에 영향력을 행사하고 있다. 종교는 여전히 중요한 사회 발전의 자원인 것이다.

1. 확실성의 자원으로서의 종교

피터 버거Peter Berger는 장기적으로 볼 때 종교적 삶은 지속되거나 오히려 부흥하고 있다고 말한다. 종교를 무시하고는 세계를 이해하는 것이 불가능하며 여전히 종교는 그 존재 기반을 사회 속에 뿌리내리고 있다는 것이다.[10] 그는 세계 각국에서 벌어지는 종교 현상, 특히 부흥의 현상들(이슬람의 증가, 동아시아, 남미, 사하라 사막 이남 지역 중심의 복음주의의 급속한 증대 현상)을 분석하면서 종교의 부흥 조건으로 종교가 제공하는 '확실성'을 꼽는다. 포스트모더니티가 내놓은 거대한 토대가 붕괴되어 현대인은 사회적-실존적 불안 속에서 정체성의 위기에 직면하고 있고, 그래서 확실성을 제공한다고 여겨지는 종교 운동들이 큰 호소력을 갖는다는 것이다.[11] 특히 초월적 가치를 상실한 근대 이후 포스트모더니티 사회에서 개인들에게 삶의 의미와 방향을 제공해 주는 종교는 여전히 영향력을 발휘한다고 말한다.

2. 공동선을 추구하는 교회

북미의 사회학자 호세 카사노바José Casanova는 그의 책『근대
세계에서의 공적 종교들』Public Religions in the Modern World에서 세
속화론에 근본적인 물음을 제기하며 종교가 어떻게 응답하는
가에 따라 종교의 세속화 양상이 달라진다는 것을 도출해 냈다.

종교의 쇠락은 필연적이지 않다. 개인의 자유라는 근대의
가치에 반대하지 않으면서, 근대사회가 만들어 내는 여러 문제
에 대해 공적인 목소리를 낸 종교는 살아남는다. 특히, 미국 가
톨릭이 주교의 '경제 서한'U.S. Catholic bishops letter, 1986을 통해
보여 준 것처럼, 종교의 세속화를 인정하지 않으면서 공동선의
가치를 제안하는 교회는 사회라는 공론장에서 유의미하게 존
재할 수 있다.[12] 종교는 개인의 자유와 제도의 분화라는 근대세
계의 가치와 원리들의 정당성을 응용하고 지지하는 동시에, 시
민사회와 연합하여 자유와 평화를 증진하고, 목소리 없는 자들
의 목소리를 대신 내줌으로써 위기에 처한 현대 사회의 구원자
가 될 수 있다.[13]

현대 서구 지성의 한 축을 이끌고 있는 하버마스Jürgen
Habermas 역시 세속화론에 이의를 제기한다. 하버마스는 현대
자유주의 국가의 정치적 결정이 오직 이성에 근거되어야 한다
는 세속화 이론에 반대한다. 그는 인간에게 '경험적 삶'이라는

제한된 공간을 초월하게 하는 '의미' 추구는 종교적 본능이자 특징이라면서[14], 이 점에서 삶의 의미에 대한 감각을 위해 자원을 제공하는 종교 전통에 관심을 기울일 수밖에 없다고 말한다. 무엇보다 종교 공동체가 교조주의에 빠지지 않는다면 현대인의 삶에 새로운 감각을 불어넣을 수 있다고 강조했다. 이를 위하여 시민사회와 종교는 서로에게 열린 자세로 서로의 언어를 이해하는 데 힘써야 한다고 덧붙인다.

근대 사회 이후 종교의 쇠락을 예견한 세속화론을 벗어나는 조건 중 하나는 근대적 가치에 대응하는 다원적 상황에 대한 이해다. 동시에 종교가 사적 영역에 머무는 것을 거부하고 공동선 증진을 위한 제도적 교회로서의 역할을 확인할 때, 그 영향력의 확대를 모색할 수 있다.

3. 제도와 사회구성원으로서의 교회됨

후기 세속사회의 맥락에서 종교 부흥에 대한 통찰은 결국 교회론의 재고를 요청한다. 후기 세속화론의 성과는 교회가 공적 언어를 획득하지 못할 때 쇠락할 수밖에 없다고 주장한다. 이는 교회가 산 위의 동네를 밝히는 빛처럼(마 5:14-15) 세상 속에 존재해야 함을 뜻한다. 신앙과 세상의 내재적 상관성은 세상 속 교회의 역할에 대해 다시 주목하게 만드는데, 이 점에서 미국의 사회문화 변동과 교회와의 역사성을 추적한 제임스 데이비슨 헌터James Davison Hunter의 통찰을 눈여겨볼 필요가 있다.

헌터는『기독교는 세상을 어떻게 변화시키는가』To Change the World에서 교회와 문화 변화라는 논의를 진전시키기 위해서 문화에 대한 이해가 필요하다고 주장한다. 그는 문화 변화에 대한 하나의 가설을 제시하는데, 문화는 자원이며 그 자체로 권력이라는 것이다. 제도적·조직적인 관점에서의 문화는 하나의 상징적 자원으로 생각할 수 있다. 여기서 상징은 사상, 상상력, 뉴스, 선언, 연설, 소책자, 에세이, 책, 영화, 미술, 법 등으로 표현될 수 있을 것이다.[15]

더욱이 문화는 네트워크 내에서 형성된다. 역사와 문화의 변동은 얼핏 개인의 천재성과 도덕성에 기반하는 것 같지만 실상 그 네트워크로부터 만들어진 새로운 제도다. 문화는 많은 경우에 위에서 아래로 변하며 세계 변혁의 집중력은 엘리트들의 네트워크와 그들이 주도하는 제도가 일치할 때 극대화된다.[16] 이것은 어떠한 운동이 문화를 형성하고 전달하는 제도들(교회를 비롯해 시장과 정부가 후원하는 문화 조직, 교육, 광고, 오락, 출판, 뉴스미디어)을 재구성하지 않는다면,[17] 다시 말해 문화운동이 구조적 변화와 연결되지 않는다면 문화 전체에 영향을 미치지 못한다는 것을 의미한다. 물론 그러한 시도는 여전히 가치가 있다. 그러나 우리가 원하는 방향으로 변화가 일어나지 않는 경우가 많다.

초기 기독교의 성장, 6-7세기 수도원 운동, 종교개혁, 대각성 운동, 반노예제 개혁 등은 교회가 상층부 네트워크를 통해 교회와 문화에 변화를 가져왔음을 보여 준다. 각각의 예들은 문맥과 행태, 상관관계가 다르지만 대안문화를 상상하고 이론화하고 전파하는 지성인과 교육가들에게 자원을 제공하였다는 것은 분명하다.[18] 결국 제도적 변화가 문화의 저변을 변화시킴으로써 교회됨의 역할을 수행했다는 것이다.

문화지형 속에서 교회의 자리: 미국교회의 사례

○ ○ ○

문화 변동에 대한 이해 속에서 헌터는 미국교회가 미국의 문화지형에서 차지하는 위치를 분석한다. 결론적으로 미국교회는 진(지식), 선(도덕), 미(예술)의 영역에서 변화를 주도하기보다는 주변부에 위치해 있다. 교회의 비전이 그만큼 포괄적이지 않기 때문이다.

미국교회는 문화의 주변부에 위치할수록 이것을 만회하려는 정치적 시도를 감행했다. 미국적 상황에서 교회(특히 우파 공동체)는 기독교가 오늘날(특히 1960년대 이후 세속화 상황에서) 영향력을 상실하게 된 것이 문화 전쟁에서 실패하였기 때문이라

• 미국 문화지형에서 기독교의 문화경제 활성도[19] •

문화지형		
진 (지식-존재) 이론적	선 (도덕-당위) 추상적	미 (미학-상상) 상류층
• 학문적 싱크탱크 • 엘리트 연구대학들(사회과학과 인문학) • 엘리트 잡지와 저널 • 뉴욕 시와 일류 대학 출판부	• 철학&도덕 심리학 • 법학대학원과 공공정책 대학원	• 시각예술 • 문학과 시 • 클래식 및 오케스트라 음악 • 극장과 무용 • 박물관
↓ 고등교육	↓ 활동가	↓ 중산층
• 일류-이류 대학들 • 일류 언론사 • **신학교와 신학대학원** • 엘리트 사립학교	• 공공정책 싱크탱크 • **특수이익집단** • **혁신교회, 회당, 종교적 사회사업** • **도덕 교육 활동**	• 공영 텔레비전 • 공공 박물관 • 영화 • 재즈와 전문 음악
↓ 일상생활	↓ 민중	↓ 하류층
• 신문, 잡지(종이와 전자) • 인터넷 • **문고판 출판사** • **교회, 회당, 교육 사역** • 공교육 • **기독교 학교**	• **지역활동가조직** • 교육위원회 • **자기계발서 출판사** • **청소년 조직과 사역, 종교적 사회사업** • **도덕 교육**	• 황금시간대 텔레비전 • 보급용 영화 • **대중음악** • **대중 광고 업체** • **케이블 텔레비전** • **대중잡지**

· 굵은 글씨로 표시된 영역은 기독교의 문화 경제가 가장 강하게 형성된 기관을 의미한다.

고 믿는다. 보수 우파는 미국의 기독교문화가 회복되어야 한다고 생각하며, 그 희망을 개인의 신앙회복과 도덕운동, 그리고 입법 활동에 두었다. 또한 미국을 역사상 가장 위대한 나라로 만들고 유대-기독교적 가치를 보존하며 방어해야 한다고 주장했다.[20] 그러나 이것은 신앙의 문제를 개인의 도덕에 한정하는 것이었다. 낙태 및 포르노의 합법화를 저지하는 시도는 번번이 실패했고, 결과적으로 미국 사회를 변화시키지 못했다.

기독교 좌파도 마찬가지다. 이들은 미국의 우파 운동이 젊은 세대에게 반감을 일으켰으며 복음을 왜곡시켰다고 본다. 따라서 이러한 왜곡을 바로잡는 길은 우파에게서 권력을 빼앗아 오는 것이라고 생각한다. 이들은 평등, 약자에 대한 배려, 소수자의 권리 등에 목소리를 높이며 이것이 성경의 본류라고 주장한다. 그들의 입장에서 이러한 성경의 정신을 실천하는 것은 역시 정치다. 그래서 보수파가 공화당과 밀월 관계를 맺어 온 것처럼 기독 좌파는 민주당과 협력 관계를 맺는다. 결국 정치에 대한 개입과 열망은 우파와 좌파에 차이가 없다. 그러나 정치나 권력을 통한 사회 변화는 한계를 지닌다.

정치권력, 즉 힘을 통해 세상을 바꿀 수 있다는 콘스탄티누스적 프로젝트의 오류는 평화를 선포하는 대신 강제와 힘, 폭력의 윤리를 수용하기 쉽다는 점이다.[21] 이 오류는 오늘날 한국교

　　　　　　　　　　　　　2부 · 건강한 교회의 신학적 기초

회에서도 재현된다. 교회의 영향력이 급속히 상실되는 후기 세속화 시대의 맥락에서 한국교회는 교회의 영광을 회복한다는 목적하에 정치적 영향력을 획득하는 것에 관심을 기울이고 있다. 기독교적 가치관을 가진 이들이 국회에 들어가거나 기독교를 표방한 당을 만들고 입법화하는 일은 교회의 과제가 되었다. 보수, 진보와 상관없이 상당수의 그리스도인들이 교회와 자신들의 미래를 특정한 정치 신화, 이념, 의제의 성공과 연결시켰다. 한마디로 정치적 영향력의 확대를 교회됨의 실현으로 인식하는 것이다. 이는 교회 의제 설정의 편중을 낳는다. 교회가 공중기도에서 정치에 우선순위를 두지만 하나님 나라의 가치 실현의 장으로서 사회, 문화, 경제, 교육, 환경, 문화 영역 전반에 대한 논의와 기대에는 소극적이다. 교회됨의 의제 확장에 실패하고 있는 셈이다.

문화를 형성하는 권력의 의미

○○○

권력은 어느 곳에나 존재한다. 세상으로부터 완전히 격리되거나 독립되어 살지 않는 한 교회와 신자들은 어떤 식으로든 권력의 행사, 교환, 경쟁에 연루된다. 기독교는 힘과 권력 자체를 부정하지 않는다. 여기에서 권력과 힘에 대한 새로운 이해가 필요하다. 권력이란 자연세계 및 타자와의 관계 속에서 발휘되는 재능이다. 이 재능은 개인, 사회집단, 사회구조를 통해 드러나며 정부나 시장 제도뿐 아니라 모든 제도 속에 존재한다.[22]

문제는 어떤 권력이며 누구의 권력이냐는 것이다. 하나님이 인간에게 내리신 문화명령은 하나님의 형상을 지닌 존재로서 세상을 가꾸고 번영시키는 청지기적 삶이다(창 1:28). 예수님은 우리에게 권력의 사용 방식을 보여 주셨다. "이방인의 집권자들이 그들을 임으로 주관하고 그 고관들이 그들에게 권세를 부리는 줄을 알거니와 너희 중에는 그렇지 않아야 하나니 너희 중에 누구든지 크고자 하는 자는 너희를 섬기는 자가 되고 너희 중에 누구든지 으뜸이 되고자 하는 자는 너희의 종이 되어야 하리라 인자가 온 것은 섬김을 받으려 함이 아니라 도리어 섬기려 하고 자기 목숨을 많은 사람의 대속물로 주려 함이니라"(마 20:25-28). 예수님은 섬기는 데 권력을 사용하셨다. 그리고 십자가를 통해 세상 권력을 무장해제 시키고 결국 승리하셨다. 그리스도인은 예수님의 이러한 권력 사용 방식을 닮아가야 한다. 그 권력은 하나님과의 친밀한 관계 속에서 형성되며 지위와 명성에 수반된 특권을 거절하는 것이다.[23] 그것은 '불쌍히 여기는 마음'으로 정의된다.[24]

2부 · 건강한 교회의 신학적 기초

또한 예수님은 신앙 공동체 안팎의 경계를 허무는 방식으로 권력을 사용하셨다. 하나님의 나라는 편견 없이 모든 남자, 여자, 청년, 노인, 주인, 노예, 자유민, 유대인, 사마리아인, 이방인에게 주어졌다. 다시 말해 예수님의 권력은 신앙 공동체만의 선이 아니라 만인의 선을 추구했다. 이는 예수님의 권력을 따르는 교회 공동체가 이 땅에서 궁극적으로 언약적 관계와 제도를 형성하는 데까지 나아가는 것을 말한다.[25]

교회는 하나의 공동체이자 교제와 모임이지만 동시에 하나의 제도이기도 하다. 그리고 본질적으로 권력을 소유하고, 교회 안 구성원을 훈련하는 과정에서 교회가 가진 자원을 분배할 때 권력을 행사한다. 그 권력 행사는 교회를 둘러싼 더 큰 문화와의 관계 속에서도 나타나는데, 소극적으로는 '시민 불복종'을 통해 저항하는 방식으로, 적극적으로는 문화 형성을 통해 나타난다. 그것의 목적은 기독교인만이 아닌 모든 사람을 위한 진리, 아름다움, 소속, 공평을 육성하는 것이다.[26] 따라서 교회됨의 목적은 믿지 않는 사람들이 천국에 가도록 전도하고 회심시키는 일 이상의 것을 지향해야 한다.

건강한 교회의 조건: 교회론의 전환

이러한 문화 형성으로서의 교회에 대한 이해와 정의는 교회론의 전환을 요청한다. 건강한 교회됨을 이루는 과정으로서 하나님 나라는 건강한 신앙적 덕목을 가진 그리스도인, 하나님 사랑과 이웃 사랑을 실천하는 통전적 신앙인을 길러 내는 일에서 시작한다. 동시에 공동체적 차원에서 교회를 건강한 조직으로 만들어 가는 것 또한 필요하다. 예배, 교육, 친교, 전도와 선교, 이웃 사랑을 실천하는 교회, 건강한 거버넌스를 구축한 교회됨을 만들어 가야 한다는 의미다.

그러나 개인적 차원과 공동체적 측면에서 바른 교회됨을 이룬다고 하여 제도적 측면에서의 교회가 반드시 건강하다고 할 수는 없다. 이는 도덕적인 개인도 집단에 소속될 때 비도덕적일 수 있다는 라인홀드 니버Reinhold Niebuhr의 주장과도 같은 맥락이다. 아무리 도덕적인 사람들이라도 모여서 집단을 이루면 '권한과 책임의 분산' 때문에 전혀 다른 특성이 나타난다. 집단의 이익을 추구하는 새로운 논리와 생리가 생기고, 집단 안에 있는 힘의 논리가 작동되는 것이다.[27] 하나의 제도로서 교회됨, 특히 사회에 대한 교회 공동체의 문화적 표현으로서의 제도는 역기능적으로 나타나거나 순기능적으로 나타난다.

2부 · 건강한 교회의 신학적 기초

사회와 문화에 대한 일종의 '르상티망'ressentiment, 즉 유감과 분노에 기반한 교회는 제도적 차원에서의 교회를 퇴행적으로 만들기 쉽다. 앞에서 살펴본 미국교회와 유사하게, 한국교회 역시 오늘날 사회문화적 영향력을 박탈당한 채 주변부에 머물러 있다. 동시에 과거의 영향력을 행사해야 한다는 열망 속에서 다원성의 광장 안에 있음에도 선과 정의에 대한 하나의 특정한 이해를 사회 전체에 강요하거나, 결코 인간의 힘으로 만들어 낼 수 없는 완벽한 세상과 하나님 나라를 이루려는 왜곡된 신앙관에 빠져 있는 것처럼 보인다. 이는 권력을 입고 정치를 통해 기독교와 국가 권력을 결합시킴으로써 하나님 나라를 완성해야 한다는 제국적 종교로의 회귀 유혹에 직면하게 될 가능성이 높다.

한국교회는 오늘날의 위기의 맥락에 대한 적확한 해석이 필요하다. 교회 공동체는 정치적, 사회적 의제에 독점적 영향력을 끼칠 수 없으며 그래서도 안 되는 다원사회의 지형을 직시해야 한다. 그리고 현대 사회의 광장에서 교회의 존재됨을 새로운 방식으로 모색해야 한다. 이것은 진정한 교회됨의 실천 방식을 성찰하게 하고, 나아가 공적 참여를 통해 사회 공동체의 발전과 진보를 이루는 종교로서의 교회 공동체 됨을 요청한다.

이는 결국 후기 콘스탄틴적 교회로의 전환을 뜻한다. 다시 말해 하나님 나라에 참여하는 신앙인과 교회의 **신실한 현존**으로 이어져야 한다. 세상을 바꾸고야 말겠다는 인본주의적이고 비성경적인 태도에서 벗어나 하나님만이 이루실 궁극적인 하나님 나라의 도래를 소망하며, 예수님이 보여 주신 관계와 권력의 방식을 제도 속에 형성시키는 교회가 되어야 한다. 구원을 위한 복음을 증언하는 동시에 공공을 위한 소리도 내어야 한다는 의미다. 이처럼 교회 안의 성도만이 아니라 시민사회와 함께 공동의 선을 형성하는 교회가 될 때, 21세기 다원화된 맥락 속에서 교회됨을 실천하며 현대 사회에 영향력을 끼치는 제도로 기능할 수 있다.

또 다른 의미에서 이것은 보다 두터운 교회를 만드는 것이라고 말할 수 있다. 교회가 그리는 동심원이 마치 물결이 일어나 사방으로 퍼져 나가듯이 개인 신앙인과 교회 공동체에 영향을 미치며 세상으로 확장되는 것이다. 즉, 하나님 나라가 '누룩'처럼 확산되어 세상 가운데 신앙인과 교회됨의 정체성을 드러내고, "땅 끝까지 이르러 내 증인이 되라"는 대위임령을 시공간을 넘어 사회, 문화, 교육, 경제, 환경 전반의 영역으로 확장시키는 것을 의미한다. 이러한 두터운 교회론에 근거한 신앙인과 교회는 현대 사회의 문제들에 주의를 기울일 수밖에 없다. 그리고 그렇게 할 때, 각 영역과의 대화를 모색하고, 실천적, 제도적 지혜를 마련하기 위해 가지고 있는 영적, 지적, 물적 자원을 선용하는 교회가 된다.

위기 속의 교회, 어떻게 존재할 것인가

○ ○ ○

지금까지 21세기에 새롭게 등장한 위기의 맥락과 이를 극복하기 위한 신앙 공동체의 현실 해석의 과제 및 교회론적 전환의 과제를 살펴보았다. 변화된 맥락의 핵심은 근대화, 민주화, 다원화 등으로 대표되는 세속화에 있으며, 이 세속화는 교회의 영향력이 급속히 쇠퇴하는 것을 의미한다. 동시에 세속화를 극복하고 있는 세계 교회 공동체들의 모습을 통해 확실성의 자원으로서의 종교, 공공선의 추구, 문화 변화를 가져오는 제도적 교회로서의 교회됨이 새로운 부흥의 조건임을 확인하였다. 이는 권력에 대한 성경적 이해를 요구하며, 교회론의 전환과 확장을 요청한다.

건강한 신앙인, 건강한 공동체, 건강한 제도 형성을 위한 공동체로서의 교회를 만들어 가는 것이야말로 오늘의 위기 속에서 교회가 이루어 가야 할 핵심 과제라 할 것이다. **교회는 세상을 어떻게 변화시키는가**라는 질문 앞에서 한국교회는 보다 겸손히, 더욱 신실하게 하나님 나라에 현존하는 방식을 찾아야 할 것이다. 오늘날의 위기를 극복하고 다시 이 땅의 희망으로, 빛과 소금의 역할을 충실히 감당하는 한국교회가 되기를 소망한다.

함께 읽으면 좋은 책들

- 임성빈. 『21세기 한국사회와 공공신학』. 장로회신학대학교출판부, 2017.
- 미로슬라브 볼프. 김명윤 옮김. 『광장에 선 기독교』. IVP, 2014.
- 앤디 크라우치. 김명윤 옮김. 『사람의 권력 하나님의 권력』. IVP, 2022.
- 제임스 데이비슨 헌터. 배덕만 옮김. 『기독교는 세상을 어떻게 변화시키는가』. 새물결플러스, 2014.

3부

하나님 나라를 향한
건강한 교회의 지표들

: 교회의 건강성 평가 항목 설정 연구

1장

개인으로서의 교회

신현호(장로회신학대학교 기독교교육학)

하나님 나라와 개인 그리스도인

○ ○ ○

교회는 이 땅에서 하나님 나라의 비전과 소명을 성취하도록 부름받은 하나님 나라 백성의 공동체다. 이 부름에 응답하기 위해서 교회는 모이는 교회이자 건강한 신앙 공동체가 되어야 한다. 이때 건강한 신앙 공동체는 건강한 그리스도인 개인들로 구성되는 동시에, 한 가지 중요한 교육적 책임을 갖게 된다. 바로 성서적 원리에 기초하여 하나님 나라의 비전과 소명을 위해 헌신하는 건강한 그리스도인을 양육하는 것이다.

교회가 성취해야 할 비전과 소명에는 하나님의 뜻이 "하늘에서와 같이 땅에서도" 이루어질 수 있도록 하나님 나라의 공동선을 지향하는 것이 포함된다. 이를 위해 교회는 교회 공동체에 속한 그리스도인 개인이 공적 소명을 확인하고 공동선을 이루는 일에 참여할 수 있도록 도와야 한다. 그리스도인 개인은 저절로 길러지는 것이 아니라 양육을 통해 성숙해지기 때문이다.

인간은 하나님 나라를 위한 종말론적 소명 아래 **관계적 인간으로** 창조되고 부름받았다(창 1:26-27; 신 6:5; 마 5:3-10; 22:34-40). 관계적 인간은 지식이나 신념으로서의 신앙에 머물기보다 하나님이 통치하시는 평화와 정의의 새 시대에 대한 소망을 품고 **관계적인 공적 신앙**relational public faith을 지니며 살아가는 존재다. 여기서 말하는 관계적인 공적 신앙은 그리스도인 개인이 **사적**private 신앙을 넘어 **인격적**personal 신앙을 지향하도록 부름을 받았다는 이해에 바탕을 둔다. 즉, 하나님과의 관계, 교회와의 관계, 이웃·세상과의 관계라는 삼중 관계를 통해 그리스도의 장성한 분량에까지 자라날 때, 관계적 공적 신앙을 가진 그리스도인이 된다.

하나하나 살펴보자면, 먼저 하나님과의 관계는 하나님의 은총 아래 삼위 하나님에 대한 신뢰와 충성으로 세워진다. 그리고 이를 통해 새로운 삶을 결단하고 성화를 이루어 가는 것까지 포함한다. 교회와의 관계는 예수 그리스도의 몸 된 공동체로 세워진 교회(신앙 공동체)를 향한 상호 사랑과 헌신에 기초하며, 이웃·세상과의 관계는 피조 세계 속에서 하나님 나라의 뜻을 회복하고 실천하는 것, 곧 하나님의 일하심theo-praxis에 참여하는 것이다.

건강한 신앙생활이란, 그리스도인 개인이 위의 삼중 관계 안에서 자신을 향한 개인적, 공동체적 소명에 충실히 응답하는 것이다. 이러한 신앙생활은 지성적, 정서적, 의지적 영역이 분리되지 않고 통전적으로 어우러져 실천될 때 가능하다.

〈한국교회 희망 프로젝트〉는 이 세 가지 영역의 관계성을 '개인 그리스도인,' '교회 공동체,' 그리고 '제도와 사회구성원으로서의 교회'라는 용어로 설명한다. 이것들은 구분하여 설명될 수 있지만 상호 불가분의 관계를 갖는다. 한 사람의 그리스도인이 공동체로서의 교회와 제도 및 사회구성원으로서의 교회와 분리되어 하나님 나라에 합당한 삶을 온전하게 추구하는 것은 거의 불가능하다. 신앙 공동체로서의 교회 또한 각 개인을 삼위 하나님 안에서 건강한 신앙으로 안내하지 못한 채 그저 조직에 머물러 있다면, 그래서 이웃과 세상에 영적, 공공적으로 이바지하지 못한다면, 세상 가운데 빛과 소금(마 5:13-16)의 역할을 감당하지 못할 것이다.

이를 좀 더 상세하게 살펴보기 위해서 우선 개인 그리스도인이 관계적인 공적 신앙을 가진다는 것의 의미를 다음 세 가지로 확장해 볼 필요가 있다. (1) 삼위 하나님의 형상을 따라 관계적인 인간으로 지음 받고 부름받은 그리스도인, (2) 예수 그리스도의 한 몸으로서 공동체에 속한 그리스도인, (3) 이웃과 세상과 벗하며 살아가도록 부름을 받은 그리스도인. 개인 그리스도인의 건강성에 관한 세 가지 신학적 관점은 하나님 나라 백성으로서 살아가는 그리스도인을 관계적인 차원으로 바라보도록 돕는다.

1. 삼위 하나님의 형상을 따라 관계적인 인간으로 지음 받고 부름받은 그리스도인

한 사람의 그리스도인은 누구인가? 건강한 그리스도인이란 어떤 사람인가? 이 질문의 출발점은 인간이 지음 받은 이야기를 담은 창세기다.

창세기 1장 26절을 보면 하나님은 "우리의 형상을 따라 우리의 모양대로 우리가 사람을 만들고", 공동체적 창조 원리에 따라 사람이 하나님이 만드신 것들을 돌보도록 의도하신다. 이 모든 과정은 아름답고 좋은(선한) 목적을 이루기 위한 것이었다. 그러나 안타깝게도 우리는 삼위 하나님의 형상을 따라 지음 받은 인간이 어떻게 타락했는지 알고 있다. 그와 동시에 죄로 인해 하나님의 창조성으로부터 멀어져 버린 인간이 구원자 예수 그리스도를 믿음으로 고백할 때 성령 안에서 회복되며 종말론적 소망을 가지고 하나님 나라를 위해 살아가게 된다는 것 역시 안다. 결국 이것이 말하는 것은 분명하다. 한 사람의 그리스도인이 건강하다는 것은 삼위 하나님과의 관계를 회복하여 인생의 의미를 깨닫고 하나님이 주신 소명을 따라 사는 것이다.

2. 예수 그리스도의 한 몸인 신앙 공동체에 속한 그리스도인

그리스도인 개인은 삼위 하나님과의 친밀한 교제 안에 머물며 예수 그리스도의 한 몸인 신앙 공동체의 일원으로 살아가도록 부름을 받는다. 교회는 칼뱅이 말한 것처럼 믿는 자의 어머니로서 그리스도인을 형성하고 양육하는 신앙 공동체다. 이때 교회의 머리는 예수 그리스도시며, 그리스도인은 예수 그리스도의 한 몸에 속한 각 지체다. "몸은 하나이지만 많은 지체가 있고 몸의 지체는 많지만 그들이 모두 한 몸이듯이, 그리스도도 그러하십니다"(고전 12:12, 새번역). 또한 그 몸에 속한 각 지체(그리스도인 개인)는 다양한 역할을 가진다. "한 몸에 많은 지체가 있으나, 그 지체들이 다 같은 일을 하는 것이 아닙니다. 이와 같이, 우리도 여럿이지만 그리스도 안에서 한 몸을 이루고 있으며, 각 사람은 서로 지체입니다"(롬 12:4-5, 새번역). 이 구절들은 그리스도인이 그리스도의 몸과 분리되어서는 결코 건강한 신앙생활을 누릴 수 없으며, 교회 공동체 또한 건강한 그리스도인이 없이는 건강한 교회 공동체를 이룰 수 없음을 보여 준다.

3. 이웃과 세상과 벗하며 살아가도록 부름받은 그리스도인

그리스도인이 삼위 하나님과의 관계, 공동체와의 관계에 참여하는 것은 곧 이웃·세상과의 관계에 참여하는 것이다. 이는 하나님 나라를 위해 이웃·세상과 협력하고 벗하며 살아가는 것을 뜻한다. 많은 그리스도인이 교회 공동체보다는 가정, 일터, 지역사회에서 대부분의 시간을 보낸다. 이때, 교회는 성스럽고 그 외의 곳은 세속적이라는 시각을 갖거나 공적 영역과 대비시켜 신앙을 개인의 사적 영역에 제한시키는 경우가 있다. 그런데 이러한 이분법적인 구분은 하나님이 그리스도인에게 부여하시는 소명을 깨닫는 데 도움을 주지 못한다. 왜냐하면 그리스도인은 결코 공적 영역, 혹은 소위 세속적 영역에서 벗어나 살아갈 수 없기 때문이다. 오히려 하나님과 공동체, 그리고 하나님의 창조 세계 속에서 인격적인 신앙을 가지고 공동선을 추구하며 살아갈 때 자신의 소명을 온전하게 발견할 수 있게 된다.

공동선은 **하나님 나라가 이 세상에 구현되는 방식**으로 이해되는데, 이 공동선은 교회와 같은 신앙 공동체를 통해서만이 아니라 개인의 차원에서도 이루어진다. 한 명의 그리스도인이 하나님 나라에 대한 소망 안에서 하나님이 허락하신 소명을 발견하고 실천할 때, 가정과 교회 공동체를 넘어 그가 속한 이웃과 세상까지 하나님의 선한 창조에 따라 회복된다. 따라서 **이미 시작된, 그러나 아직 완성되지 않은** 하나님 나라를 소망하며 살아가는 그리스도인은 진공이나 온실 속에 머물지 않는다. 생명을 잉태하고 열매를 맺으며 자신과 믿음의 공동체, 나아가 이 세상을 살리고 회복하는 삶, 즉 하나님이 기뻐하시는 방식으로 공동선을 실천하도록 초대받는다.

위에서 말한 그리스도인을 종합하면, 한마디로 **건강하고 신실한 그리스도인**이라고 할 수 있다. 즉, **삼위 하나님 안에서 통전적이고 균형 잡힌 신앙을 가지고(건강함), 자신과 자신이 속한 신앙 공동체 및 세계를 하나님의 청지기답게 살아가는(신실함) 그리스도인이다.** 이런 사람이 지금 이 시기에 간절히 필요하다.

그렇다면 구체적으로 어떤 삶을 지향하며 영위하는 이들이 건강하고 신실한 그리스도인인가? 이를 객관적으로 분별하여 강점은 세우고 부족한 점은 보완해 줄 수 있는 교회/공동체 차원의 노력은 무엇인가? 이에 응답하기 위해서 건강하고 신실한 그리스도인의 특성을 여섯 가지 항목으로 나누어 살펴보고자 한다.

건강하고 신실한 그리스도인을 위한 지표 항목과 의미

○ ○ ○

본 '교회의 건강성 측정을 위한 조사' 중 개인으로서의 교회 부분은 여섯 항의 중위 항목과 열여덟 항의 하위 항목으로 구성된다. 여섯 중위 항목은 건강하고 신실한 그리스도인이 지향하는 관계적 공적 신앙에 대한 이해를 기초로 하여 각각 세 항의 하위 항목을 가지고 있다. 또한 개인의 신앙과 삶의 구체적인 실천과 경향을 몇 가지 핵심 요소로 삼는다. 이는 지표조사에 대한 평가 및 분석의 근거를 제공한다.

1. 하나님 나라 백성으로서 예배·충성하는 그리스도인 - 신뢰와 충성
2. 하나님 나라 안에서 변화와 성숙을 경험하는 그리스도인 - 성숙과 변화
3. 하나님 나라의 친교에 참여하는 그리스도인 - 친교
4. 하나님 나라의 봉사를 실천하는 그리스도인 - 봉사
5. 건강한 리더십과 분별력을 계발하는 그리스도인 - 리더십과 분별력
6. 하나님 나라에 합당한 공적 신앙을 실현하는 그리스도인 - 공적 신앙

신뢰와 충성, 성숙과 변화, 친교, 봉사, 리더십과 분별력, 공적 신앙이라는 핵심 요소들은 〈한국교회 희망 프로젝트〉에서

• 개인으로서의 교회 건강성 지표 구성 항목 •

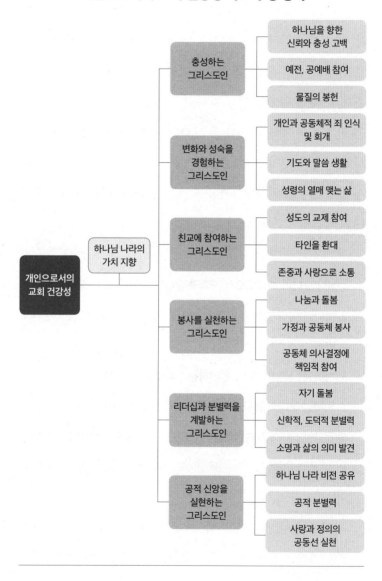

```
개인으로서의          하나님 나라의
교회 건강성           가치 지향
```

충성하는 그리스도인
- 하나님을 향한 신뢰와 충성 고백
- 예전, 공예배 참여
- 물질의 봉헌

변화와 성숙을 경험하는 그리스도인
- 개인과 공동체적 죄 인식 및 회개
- 기도와 말씀 생활
- 성령의 열매 맺는 삶

친교에 참여하는 그리스도인
- 성도의 교제 참여
- 타인을 환대
- 존중과 사랑으로 소통

봉사를 실천하는 그리스도인
- 나눔과 돌봄
- 가정과 공동체 봉사
- 공동체 의사결정에 책임적 참여

리더십과 분별력을 계발하는 그리스도인
- 자기 돌봄
- 신학적, 도덕적 분별력
- 소명과 삶의 의미 발견

공적 신앙을 실현하는 그리스도인
- 하나님 나라 비전 공유
- 공적 분별력
- 사랑과 정의의 공동선 실천

살펴보는 '공동체로서 교회' 및 '제도와 사회구성원으로서 교회'의 건강성 척도와 여러 공통점을 갖는다. 하지만 건강하고 신실한 그리스도인으로 성장하고 살아가는 것이 건강한 신앙공동체에 소속되어 있는 것과 반드시 일치하지는 않을 수 있다. 그리스도인 개인과 제도 및 사회구성원으로서의 교회와의 관계도 마찬가지다. 그런 점에서 본 연구와 지표조사는 개인 그리스도인에 일차적인 관심을 둔다.

그러나 여전히 개인의 신앙과 삶은 교회 공동체 및 제도와 사회구성원으로서의 공교회와 분리해서 생각할 수 없다. 하나님은 역사의 한복판에서 하나님 나라 백성을 부르시고 그가 그 나라 백성답게 살아가도록 이끄신다. 동시에 하나님 나라 백성 공동체에 속한 이들은 각자의 자리에서 자신의 신앙을 돌보고 가꿀 책임이 있다. 따라서 여기서 제공하는 항목들은 현재 개인의 신앙과 삶을 진단하는 질문이자 앞으로 더욱 건강하고 신실한 그리스도인의 삶을 지향하도록 안내하고 도전하는 형성적 formative 질문이기도 하다. 즉, 각 항목에 대한 설명은 지표를 위한 규범적인 것에 그치기보다, 응답자 개인이 그리스도인으로서 성장하고 변화할 수 있도록 도우며, 개인적인 동시에 공적인 소명을 지향하도록 안내하는 성찰적이고 신학적인 토대를 제공하고자 한다.

그리스도인 개인이 공동체로서의 교회, 제도와 사회구성원으로서의 교회와 맺는 관계와 더불어 본 지표가 일관되게 전제하는 것이 하나 있다. 바로 **자발적인 실천**이다. 삼위 하나님을 신뢰하고 그분께 충성하는 것, 변화와 성숙을 소망하며 친교와 봉사에 참여하는 것, 건강한 리더십을 계발하고 공적 신앙을 실천하는 것은 적극적이고 능동적인 참여를 지향한다는 뜻이다. 그리고 각 지표는 이러한 자발적인 활동을 나타내는 동사(고백하는, 헌신하는, 회개하는, 열매를 맺는, 기쁨으로 참여하는, 돌보는 등)로 표현된다.

1. 하나님 나라 백성으로서 충성하는 그리스도인

개인 그리스도인의 건강성을 형성하는 데 가장 근본이 되는 것은 하나님과의 관계다. 교회와 개인을 창조하시고 개인적 소명과 공적 소명을 따라 살도록 부르시는 삼위 하나님과의 관계성이 그 어떤 것보다 앞에 있다. 교회와의 관계 혹은 이웃·세상과의 관계가 긍정적으로 형성된다고 하더라도 하나님과의 관계가 올바로 세워지지 않고 다른 관계성 및 건강성에 대한 근원이 되지 않는다면, 건강한 신앙생활을 영위한다고 말하기는 어려울 것이다.

하나님과의 관계는 하나님이 베푸시는 은혜로부터 시작된

다. 받은 은총에 대해 그리스도인은 신뢰와 충성으로 응답하며 자신의 신앙을 고백하고 이에 합당한 삶을 살도록 부름을 받는다. 믿음을 공적으로 고백하고 하나님을 예배하며 하나님의 은혜에 전인적으로 응답하는 것은 곧 하나님을 향한 **신뢰**trust와 **충성**loyalty을 드러내는 행위다. 그렇다면 하나님과의 관계를 기반으로 한 개인의 건강성은 무엇으로 확인할 수 있을까?

(1) 삼위 하나님을 향한 신뢰와 충성을 고백하는 그리스도인

하나님과의 관계에서 가장 핵심이 되는 것은 신뢰와 충성이다. 여기에서 신뢰란, 삼위 하나님을 창조주와 구속주로, 이 땅의 통치자로 인정하는 것에 더하여 선한 목적을 따라 자신을 창조하시고 소명을 따라 살아가도록 부르신 하나님께 감사함으로 충성하는 것이다.

하나님을 향한 신뢰는 삼위 하나님을 향한 개인의 신앙 고백을 포함하는데, 이것은 단순히 하나님에 대한 신념뿐만이 아니라 정서적이고 의지적인 다짐까지 포함한다. 하나님의 말씀인 성경을 믿고 따르는 것에 그치지 않고 이성과 정서와 의지를 가지고 창조주요 구속주이시며 다스리시는 삼위 하나님에 대한 신앙을 고백한다는 것은, 개인의 정체성을 공적으로 증언하는 것과 같다. 그리스도인은 이를 통해 구별된 삶을 살기로 하나님과 세상 앞에 다짐하게 된다.

이런 고백을 드리는 그리스도인은 삶의 기준과 우선순위를 하나님께 둔다. 살면서 만나는 다양한 사건과 감정 가운데 하나님의 신실하심을 고백하고, 어떤 상황에서도 하나님의 뜻을 분별하며 그 뜻에 순종하기로 다짐하는 것(잠 3:5)은 건강하고 신실한 그리스도인이 보여 주는 중요한 특징이다.

(2) 예전과 공예배에 적극적으로 참여하는 그리스도인

공예배와 예전에 적극적으로 참여하는 것은 하나님을 향한 충성과 신뢰를 표현하는 가장 핵심적이고 기본적인 모습이다. 예배는 영과 진리로 아버지께 드리는 제사며(요 4:23-24) 마음에 변화를 받고 몸을 거룩한 산 제사로 드리는 것이다(롬 12:1-2). 이때 '예배'는 행위뿐만 아니라 하나님을 향한 신뢰와 의지를 모두 포함한다. 공예배의 정해진 시간을 지키고 예배에 참석하는 행위와 더불어 예배 가운데 하나님이 베푸시는 은혜에 감사와 사랑을 드리는 것이기 때문이다.

시편 기자가 "오직 나는 주의 풍성한 사랑을 힘입어 주의 집에 들어가 주를 경외함으로 성전을 향하여 예배"할 것을 고백한 것처럼(시 5:7), 예배는 단순히 설교를 듣는 시간이거나 관습적인 행위를 넘어 하나님의 풍성한 사랑을 찬양하는 적극적인 행위다. 기대와 간절함이 가득한 예배는, 겉으로는 화려하지만 외식外飾으로 가득 찬 바리새인적인 예배와는 구별된다. 참된 예배의 목적은 오직 신실하신 하나님을 향한 전인적인 찬양과 고백이다. 따라서 예배는 건강하고 신실한 그리스도인의 삶의 시작과 중심이며, 예수님이 다시 오시는 날까지 그리스도인이 드려야 할 믿음의 고백이 된다.

(3) 물질의 봉헌을 기쁘게 드리는 그리스도인

물질의 봉헌은 하나님께 충성과 헌신을 고백하는 또 하나의 가시적이고 적극적인 표현이다. 하나님은 그리스도인이 살아가는 데 필요한 것을 알고 공급해 주신다(마 6:11, 26). 하나님이 일상에서 베풀어 주시는 은총과 사랑에 대한 신뢰와 충성이 마음과 물질의 봉헌으로 표현된다. 특히 소유의 일부를 드리는 행위는 '영적인 예배'에서도 중요한 부분을 차지한다. 한 가난한 과부가 생활비 전부에 해당하는 두 렙돈을 드린 것을 보시고 예수님은 "제자들을 곁에 불러 놓고서"(막 12:43, 새번역) 마음을 다해 물질의 봉헌을 드리는 것, 곧 하나님을 향한 전적인 헌신이 중요함을 가르치셨다. 자신이 가진 모든 것을 하나님의 선물로 인정하고 그에 대한 감사로 가진 것을 드리는 "전적 헌신"은 캐스린 태너Kathryn Tanner가 이야기한 것처럼 상황이나 환경을 초월해 그리스도인의 삶에서 지속적인 중심점이 되어야 한다. 그리고 그것을 통해 그리스도인은 하나님이 나의 삶에 긴밀하게 관여하고 계심을 깨닫고 고백할 수 있게 된다.

봉헌은 감사와 헌신의 표현일 뿐만 아니라 하나님 나라를 위한 사역과 선교에 이것이 사용되는 것을 인정하고 헌신하는 것을 포함한다. 이는 자신의 소유가 결코 자신만을 위한 것이 아니며, 하나님 나라의 일부임을 고백하는 행위다. 또한 물질의 봉헌은 소비주의 세상에 살고 있지만 물질에 굴복하지 않겠다는 저항의 행위이기도 하다. 소유와 존재의 가치가 동일하게 여겨지는 사회에서 소유의 일부를 하나님께 드리는 것은, 이 세상에서 하나님보다 우선하는 것이 없음을 고백하는 것이다.

2. 하나님 나라 백성으로서 변화와 성숙을 지향하는 그리스도인

건강하고 신실한 그리스도인은 결코 현재의 신앙에 안주하지 않는다. 하나님이 원하시는 모습으로 변화하기를 소망한다. 이 때 중요한 것은 변화와 성숙의 방향이다. 에베소서 4장 13절은 "하나님의 아들을 믿는 것과 아는 일에 하나가 되어 온전한 사람을 이루어 그리스도의 장성한 분량이 충만한 데까지" 이르는 변화와 성숙을 이야기한다.

건강하고 신실한 그리스도인은 삼위 하나님과의 관계에 기

3부 · 하나님 나라를 향한 건강한 교회의 지표들

초해 끊임없이 하나님의 은총을 갈구하며 열매 맺는 삶으로 나아간다. 식물이 건강하게 자라게 하려면 성장을 가로막는 것을 제거하고, 지속적으로 양분과 햇빛, 바람과 수분을 공급해야 한다. 그래야 종과 특성에 맞게 열매를 맺는다. 이 생태적인 유비는 그리스도인의 변화와 성숙에도 동일하게 적용된다. 하나님 나라 백성으로 살아가는 그리스도인의 변화와 성숙은 자신과 공동체의 죄를 인식하고 돌아서는 것으로부터 시작한다. 그리고 기도와 말씀 생활을 통해 하나님과의 영적 친밀감이라는 싹을 틔우게 된다. 그렇게 점점 자라나 받은 은사를 가꾸고 성령의 열매를 맺는 그리스도인으로 성숙하는 것이 건강하고 신실한 그리스도인의 삶이다.

(1) 개인과 공동체적 죄를 인식하고 회개하는 그리스도인

'죄'라고 하면 윤리적, 행위적 차원의 죄를 떠올리기 쉽지만, 여기서 말하는 죄는 그 이전에 삼위 하나님과의 관계에서 멀어지고 그분의 뜻을 멀리하는 죄(창 3:11)를 의미한다. 자기 의와 교만은 하나님의 선하신 뜻과 멀어지게 할 뿐만 아니라 모든 윤리적인 죄와 탐욕의 근원이 된다. 사랑과 용서로 서로를 용납하지 못하고 개인의 유익과 만족을 위해 수단과 방법을 가리지 않는 행위(갈 5:19-21), 즉 육체의 소욕만을 따르는 행위는 그리스도인에게도 나타날 수 있다. 이는 성령의 다스림에서 벗어나 하나님의 거룩한 뜻을 거스르는 죄다(갈 5:17). 그리스도인은 그 죄의 심각성을 인식하고 그로부터 돌이켜 새로운 삶을 살기로 결단해야 한다. 회개 없이는 결코 건강하고 신실한 삶을 영위할 수 없다.

그런데 하나님으로부터 멀어지는 죄는 단지 개인적인 차원에만 그치지 않는다. 공동체적이고 사회구조적인 차원으로까지 이어진다. 공동체가 하나님의 뜻을 벗어나 구조적으로 악한 행동을 옹호하고, 고아와 나그네와 약자를 억압하는 것은 결코 하루아침에 일어나지 않는다. 이는 그리스도인 개인이 하나님 나라에 대치되는 구조적인 죄에 민감하지 못하고 그것을 묵과하거나 용인할 때 일어나기 마련이다. 구조적인 죄에 대한 민감성은 교회 공동체는 물론 그리스도인 개인에게도 필요하다. 설령 자신이 그 일에 직접적으로 관여하지 않았다 하더라도 애통함과 참회로 공동체의 회복을 간구하는 것은 그리스도인 개인에게도 요청된다.

(2) 기도와 말씀 생활을 통해 영적 친밀감을 가꾸는 그리스도인

흔한 이야기지만 그리스도인에게 기도는 마치 생명을 유지하기 위한 호흡과 같고, 말씀은 생명력의 근원과도 같다. 기도와 말씀 생활 없이는 그 누구도 하나님의 뜻을 헤아릴 수 없으며 삼위 하나님과 친밀한 교제를 맺을 수도 없다. 바꾸어 말하자면, 기도와 말씀 생활을 통해 그리스도인은 삼위 하나님과 영적 친밀감을 쌓게 된다.

기도는 하나님을 향한 신뢰와 예배자의 마음을 가지고 하나님의 뜻에 귀 기울이는 것이다. 동시에 자신의 삶과 세상을 주관하는 분이 하나님이심을 인정하고 하나님의 뜻이 그 속에서 이루어지기를 간구하는 행위다. 하나님을 예배하고 믿음을 고백하는 이가 하나님의 음성을 경청하는 것은 개인의 의지를 하나님의 뜻보다 앞세우지 않겠다는 다짐이며, 개인과 공동체(세계)의 복잡한 상황들이 하나님 나라의 질서에 맞게 재편되리라는 소망이고 바람이다. 여기서 한 가지 기억해야 할 것은, 기도는 하나님의 말씀과 그분의 뜻에 시간과 힘을 집중할 것을 요구한다는 점이다.

말씀 생활은 하나님 나라 백성답게 살아가기 위한 또 하나의 근본적인 실천이다. 그리스도를 통해 구원받았음을 확인하며 개인적, 공동체적인 죄로부터 부단히 돌아서서 하나님이 기뻐하시는 삶을 살기 위해서는 말씀의 안내를 받아야 한다. 말씀은 세속적인 세상을 살아가는 현대 그리스도인에게 참된 등불이며(시 119:105), 하나님과의 친밀한 사귐으로 부르는 초대장이다(요일 1:1-3). 말씀을 경청하지 않고 사랑하지 않는다면, '명목상 그리스도인'nominal Christian으로 살아갈 수밖에 없다.

(3) 은사를 가꾸고 성령의 열매를 맺는 그리스도인

은사는 본래 하나님이 예수 그리스도의 한 몸 된 신앙 공동체의 덕을 섬기고 세우도록 주신 것이다(벧전 4:10; 롬 12:6-8). 하나님은 각자가 받은 선물(은사)을 통해 개인의 삶을 풍성하게 할 뿐 아니라 하나님과 긴밀한 관계를 맺고 주님이 다시 오시는 날까지 하나님의 뜻을 세워 가기를 원하신다. 따라서 "각 사람은 은사를 받은 대로 하나님의 여러 가지 은혜를 맡은 선한 관리인으로서"(벧전 4:10, 새번역) 자신이 속한 가정과 교회, 그리고 세상을 위해 봉사하도록 초대받는다.

또한 건강하고 신실한 그리스도인은 성령의 열매를 맺으며 살아가도록 부름을 받는다. 갈라디아서 5장 22-23절은 그리스도인이 맺기를 기대하는 성령의 열매를 소개한다. "오직 성령의 열매는 사랑과 희락과 화평과 오래 참음과 자비와 양선과 충성과 온유와 절제니 이 같은 것을 금지할 법이 없느니라." 이 열매는 자기만족만을 위해서 살아가는 이기적인 모습에 배치되며, 죄의 노예가 아닌 성령 아래 거하는 자유자 그리스도인(5:13)의 성품이 삶으로 표출된 모습이다. 이때 성령의 열매는 각기 다른 열매들의 집합이 아니라 한 성령 안에서 죄로부터 돌이켜 기도와 말씀과 사랑으로 살아가는 모든 그리스도인이 맺게 될 열매의 다채로운 모습으로 이해하는 것이 옳다. 이러한 열매를 맺는 삶은 그리스도 안에서 지속적으로 변화와 성숙을 소망할 때 가능하다.

3. 하나님 나라 백성의 친교에 참여하는 그리스도인

건강하고 신실한 그리스도인은 하나님 나라 백성의 친교에 기쁨으로 참여한다. 여기서 '친교'(코이노니아)란, 가족 혹은 가까운 친구와의 교제를 넘어서 하나님 나라 백성으로 부름받은 이들이 예수 그리스도를 중심에 모시고 맺는 참된 사귐을 말한다. 예전적으로는 함께 떡을 떼고 잔을 나누는 성례전적 친교와 더불어, 공동체에 속한 다양한 연령의 성도들과 낯선 이, 소외된 이들까지 환대하고 하나님 나라 이야기를 공유하는 것을 뜻한다. 또한 서로의 영적인 여정을 격려하며 그 안에서 경험하는 신앙의 이야기를 경청하고 사랑으로 소통하는 것까지 포함한다. 그렇기에 하나님 나라 백성의 친교는 역동적이고 무엇보다 공감과 존중의 태도를 중시한다.

(1) 성도의 교제에 기쁨으로 참여하는 그리스도인

신학자 디트리히 본회퍼Dietrich Bonhoeffer가 말한 바와 같이 성도의 교제는 공동체로서의 교회가 지향하는 본질이자 핵심 실천이다. 그리스도인 개인은 기대와 기쁨을 가지고 이에 참여하게 된다. 예를 들어, 교회 공동체의 리더십(교역자, 직분자, 구역장, 순장, 소그룹 리더 등)과 부서들(새가족부, 친교부 등)에서 성도를 따뜻하게 맞이하더라도, 각 그리스도인이 친교에 대한 기대가 없고 참여에 대한 의지와 필요성을 갖지 못한다면 공예배외에는 성도 간의 사귐을 기대하기 어렵다. 실제로 많은 현대그리스도인이 공예배에 '출석'하는 것이 그리스도인의 정체성과 역할의 대부분이라고 여긴다. 또한 공동체 생활에 적극적으로 참여하고 자신의 삶을 공유하기보다는 익명의 성도로 남기원하는 이들도 존재한다. 그들은 과거에 교회 공동체에서 상처받았거나, 과도한 봉사 및 헌신에 대한 요구로 어려움을 겪었을 수 있다. 혹은 성도들에게 알리고 싶지 않은 내밀한 어려움이 있을 수도 있다. 그러나 시편 기자는 "그 얼마나 아름답고 즐거운가! 형제자매가 어울려서 함께 사는 모습!"(시 133:1, 새번역)이라고 노래했다. '다른 그리스도인들과 몸을 부대끼며 함께 하는 것'이 개인의 영적 여정에서 '기쁨과 힘의 원천'이 되는 것을 깨닫고 이에 자발적이고 적극적으로 참여할 때,

공동체로서의 교회는 더욱 활기를 띠고 개인은 친밀한 교제를 경험하게 된다.

⑵ 타인을 환대하는 그리스도인

'타인'은 문자적으로 나를 제외한 모든 사람을 의미하지만, 교회 공동체에는 새롭게 소속된 사람들로 이해할 수도 있다. 곧 교회 공동체에서 타인을 환대한다는 것은, 새로운 구성원을 배려하고 그들이 잘 정착하도록 돕는 것이다. 성경에서는 종종 교회에 새롭게 정착하는 타인을 '나그네' 혹은 '낯선 신도들'이라고 표현한다. 새로운 이들을 섬기는 것은 특정 부서가 담당해야 하는 일이기 이전에 각 그리스도인에게 요청되는 역할이다. 더불어 공동체 안에서 친숙한 성도뿐만 아니라 낯선 이들을 따뜻하게 맞이하고 사랑으로 대하는 것은 교회 공동체 밖의 이웃을 향해 사랑과 정의를 실천하는 것에 앞서야 할 일이다.

낯선 이의 처지에서 생각해 보면 어떤 공동체에 막 소속되었다는 것은 긴장되고 두렵기도 할 일일 것이다. 게다가 교회 공동체를 찾아온 대부분의 사람에게는 영적인 필요가 있을 확률이 높다. 그러한 마음과 사정을 공감할 줄 알아야 한다. 공감의 반대는 무관심이다. 하나님은 이방 나그네를 압제하지 말라고 이스라엘 백성에게 명령하실 때, 그들이 애굽에서 나그네였기에 나그네의 사정을 이미 알고 있음을 상기시키신다(출 23:9). 공감에 기초한 환대는 타인이 더 이상 나그네나 낯선 이가 아닌 공동체의 일원이 되도록 돕는 것이다. 동시에 환대를 받는 이 또한 환대를 실천하도록 초대하는 행위가 된다.

(3) 상대방을 존중하고 사랑으로 소통하는 그리스도인

의사소통은 개인과 개인 혹은 개인과 공동체 간에 자신의 생각을 표현하고 상대방을 이해하는 행위다. 이러한 의사 공유와 상호 이해의 바탕에는 존중과 사랑이 녹아 있어야 한다. 알다시피 의사소통은 언어적 행위만이 아니라 인상, 표정, 제스처 같은 비언어적 행위도 포함하는데, 서로를 대할 때 "모든 겸손과 온유로 하고 오래 참음으로 사랑 가운데서 서로 용납"하는 것(엡 4:2)은 그리스도인이 지녀야 할 중요한 덕목이다.

소통은 단순히 정보와 감정의 교환이 아니라 상대방과 함께 하나님 나라의 덕을 세우는 과정이다. "만일 우리가 서로 사랑하면 하나님이 우리 안에 거하시고 그의 사랑이 우리 안에 온전히 이루어지느니라"(요일 4:12). 이는 자신과 같은 생각을 하는 사람뿐만 아니라 자신과 의견이 다른 사람의 목소리 또한 경청하고 존중하는 것을 포함한다. 이러한 존중과 경청의 전제는 자신이 만나고 있는 사람이 예수 그리스도의 한 몸 된 공동체의 일원이며, 하나님도 그의 기도와 목소리를 경청하고 계심을 기억하는 것이다.

4. 섬김의 마음으로 봉사를 실천하는 그리스도인

봉사는 높은 위치에 있는 사람이 낮은 위치에 있는 사람에게 베푸는 자선이 아니다. 하나님 앞에 살아가는 '동등한' 사람들이 오직 하나님의 은총으로만 자신의 부족함이 채워질 수 있음을 고백하며, 그것에 대한 감사로서 이웃을 섬기는 것이다. 나아가 예수님이 보여 주신 섬김의 모습은 통념적인 선생-제자의 관계를 역전시키는 것이었다. "내가 주와 또는 선생이 되어 너희 발을 씻었으니 너희도 서로 발을 씻어 주는 것이 옳으니라 내가 너희에게 행한 것같이 너희도 행하게 하려 하여 본을 보였노라"(요 13:14-15). 이러한 가르침은 진정한 봉사가 무엇인지 알려 준다. 바로 사랑과 열린 마음과 섬김의 마음으로 삶에서 나눔과 돌봄을 실천하고, 가정과 공동체를 위해 헌신하며, 공동체의 일원으로서 공동체를 건강하게 세워 가는 일에 자발적으로 참여하는 것이다.

(1) 나눔과 돌봄을 기쁨으로 실천하는 그리스도인

그리스도인의 나눔과 돌봄은 하나님이 나와 세상을 사랑하

서서 독생자를 주시고(요 3:16) 돌보신다는 것을 삶으로 고백하는 것(벧전 5:7)으로부터 출발한다. 봉사(디아코니아)는 일차적으로 영적, 신체적, 물질적 필요를 가진 이들을 돕는 행위로, 성경은 일관되게 "고아와 과부"로 대변되는 가난하고 약한 자를 돌보는 책임이 하나님 나라 백성에게 있음을 들려준다(신 14:29; 약 1:27).

그런데 성경이 말하는 봉사는 시간이나 재물을 나누는 것 이상의 의미를 지닌다. 먼저 자기 자신을 타인에게 열어야 한다. 이는 성령 강림 사건 이후에 초대교회 성도들이 보여 주었던 나눔과 섬김과 찬양에서 찾아볼 수 있다(행 2:44-47). 받은 은혜가 크기 때문에 기쁨으로 타인을 위한 나눔과 돌봄을 실천할 수 있는 것이다.

나눔과 돌봄이 없으면 자칫 자기중심적인 신앙에 머물 가능성이 높다. 주일예배에 출석하고 공적 모임에 참여하는 것만으로는 건강하고 신실한 그리스도인의 삶을 영위하기 어렵다. 선한 사마리아인의 비유(눅 10:25-37)를 기억하는가. 제사장과 레위인은 종교 행위에 있어서는 누구에게도 뒤지지 않았지만, 강도 만난 자를 돌보지 않았다. 하지만 한 사마리아인은 강도 만난 자를 불쌍히 여기며 자신이 가진 것을 나누고 돌보았다. "네 마음을 다하며 목숨을 다하며 힘을 다하며 뜻을 다하여 주 너의 하나님을 사랑하고 또한 네 이웃을 네 자신같이 사랑하라"
는 계명을 실천하는 것은, 곧 이를 실천하는 이가 더 이상 '종
교인'이 아닌 건강하고 신실한 그리스도인으로서 살게 될 것을
뜻한다(눅 10:28).

(2) 가정과 공동체를 위해 봉사하는 그리스도인

가정은 가장 기초적인 삶의 자리이며 가족은 사랑과 돌봄의
일차적인 대상이다. 초대교회에서 교회 지도자를 선별할 때도
가족을 신실하게 돌보는지를 중요하게 여겼다(딤전 3:2, 4, 12;
딛 1:5-6). 또한 자신이 속한 믿음의 공동체를 위해 봉사하는 것
은 모든 그리스도인에게 주어진 권리이자 책임이었다(롬 12:3-
8). 믿음의 분량대로, 각자 받은 은사대로 즐겁고 자발적으로
공동체를 섬길 때(롬 12:8) 그리스도의 몸 된 신앙 공동체가 아
름답게 세워진다. 교회학교 교사, 예배 봉사, 친교 봉사, 돌봄 사
역 등 하나님 나라를 위한 봉사들에 자발적으로 참여하는 것은
마치 온몸에 피가 잘 돌게 하여 사람을 살게 하는 것과 같다. 결
국 봉사는 그리스도의 몸(공동체)을 살리기 위한 행위다.

(3) 공동체 의사결정에 책임감을 가지고 참여하는 그리스도인

교회 공동체는 다양한 의사결정 구조를 가진다. 건강한 민

음의 공동체를 세워 가는 일은 한두 사람의 생각과 지혜 및 의지만으로 불가능하기 때문이다. 모세가 이끌던 이스라엘 공동체(출 18:13-27)와 초대교회에서 이루어진 사역의 분담과 협업(행 6:1-6)에서도 잘 나타나듯이, 그리스도인은 자신이 속한 공동체의 의사결정 과정에 참여하여 하나님의 뜻을 함께 분별할 필요가 있다. 때로는 건강하지 못한 의사결정 구조로 인해 자신의 역할에 회의감이 들 수 있고, 공동의회나 제직회 등과 같은 교회의 의사결정 과정은 나 하나 빠져도 큰 영향이 없다고 여길 수도 있다. 하지만 회의적인 태도와 방관으로는 한 공동체가 건강하게 세워질 수 없다. 공동체를 세워 가는 의사결정 과정이 곧 공동체를 위한 봉사임을 기억하고 책임감 있게 참여하는 것이 중요하다.

5. 건강한 리더십을 계발하는 그리스도인

개인에 따라서 가정에서는 가장, 교회에서는 소그룹 지도자나 봉사팀 책임자 등 특정한 직책을 갖는다. 그런데 여기서 말하는 리더십은 공동체에서 공식적으로 맡게 되는 이런 직책과는 구별된다. 모든 그리스도인이 세워 가는 리더십은 하나님이 주신 권한을 위임받아 각자의 인생을 주체적이고 능동적으로 가꾸는 것을 의미한다. 자신의 삶이 의미 없다고 여기거나, 어쩔 수 없이 상황에 이끌려 살아간다는 식의 생각은 감사와 기쁨을 누릴 기회를 포기하는 것과도 같다.

결론적으로 그리스도인에게 요청되는 건강한 리더십이란, 하나님의 선하신 계획을 믿으며 삶을 청지기답게 돌보고 하나님 나라에 합당한 삶을 위해 상황을 분별하는 것이다. 여기에는 하나님께 영적인 요청을 던지며 인생의 의미를 찾아가는 과정까지 포함된다. 이러한 과정은 공동체로서의 교회와 친밀한 관계를 맺고, 나아가 제도와 사회구성원으로서의 교회가 가진 공적 사명에 참여할 때 더욱 의미 있고 깊어질 수 있다. 그러나 명심할 것은 이 모든 것의 출발점은 자신의 삶이 하나님으로부터 주어진 선물이라는 것을 기억하고 이를 청지기적으로 가꾸는 것이라는 점이다.

(1) 청지기로서 자기를 돌보는 그리스도인

자신의 인생과 몸, 시간과 재물에 대한 권리는 모두 하나님께 위임받은 것이다(창 1:26-28). 하나님이 인간을 창조하고 베푸신 '복'에는 우리가 누리는 모든 것이 포함된다. 그리고 그 복은 개인만을 위해서가 아니라 궁극적으로 '하나님 나라'를 위해 사용하고 그 안에서 누리는 것까지를 포함한다. 구약학자 월터 브루그만은 하나님이 하나님 나라를 위해 주신 돈, 음식, 몸,

시간, 장소 등의 '선물'을 본래의 뜻에 맞게 누리며 살아가는 모습을 "완전한 풍요"로 묘사한다. 이를 위해 청지기는 물질주의에 빠지는 대신 하나님의 선물을 선한 목적을 위해 충성스럽게 사용하는 '성숙한 물질성'materiality을 지향하도록 초대받는다. 하나님이 허락하신 물질에 대한 태도에 관심을 기울이지 않거나 부정적으로만 바라보는 것은 청지기의 마땅한 태도가 아니다. 이는 돈과 몸, 음식과 장소(집)와 같이 가시적인 것뿐만 아니라 시간에 대해서도 동일하다.

청지기로서 자신의 삶을 아름답게 가꾸기 위해서는 영적 습관을 세우는 것이 중요한데, 그중 한 가지가 '감사'다. 우리는 소비지상주의가 만연한 현대 사회에서 항상 온라인에 접속된 채로 바쁘게 살아간다. 이 같은 상황에서 하나님의 질서대로 물질과 시간을 사용하려면 이 선물을 주신 분이 하나님이심을 기억하고, 그분께 감사하며, 이것을 성숙하게 사용하기를 원하시는 그분의 뜻을 찬양하는 것이 필요하다.

⑵ 삶에 대해 건강한 신학적, 도덕적 분별력을 지닌 그리스도인

여기서 말하는 분별력이란 성령의 인도하심을 따라 하나님의 선하신 뜻에 비추어 자신의 상황을 깨닫고, 바른길을 선택하며, 순종하는 의지적인 행위를 포함한다. 이것은 로마서 12장

2절에서 안내하듯이, "이 시대의 풍조를 본받지 말고, 마음을
새롭게 함으로 변화를 받아서, 하나님의 선하시고 기뻐하시고
완전하신 뜻이 무엇인지를 분별"(새번역)하는 것을 뜻한다. 이
때 분별의 일차적인 대상은 '그리스도인 자신의 마음과 삶'이
다(갈 6:4). 그리스도인은 이를 잘 분별하기 위해 성령께 지혜를
간구해야 한다(고전 2:13-15).

그리스도인의 분별력은 성경이 안내하는 영적, 도덕적 기준
을 가진다는 점에서 개인적 경험과 판단을 우선에 두는 분별과
는 차이가 있다. 곧 이성적, 정서적, 관계적, 의지적인 판단이 종
합적으로 따르는 통전적인 과정을 포함한다. 이때 바른 분별로
이끄는 열쇠는 성경과 기도를 통한 성령의 역사다. 단순히 성경
에서 답을 찾아 그대로 적용하는 것을 분별이라고 말하기는 어
렵다. 왜냐하면 현대 그리스도인의 삶의 자리는 그리 단순하지
않기 때문이다. 우리가 가진 질문이나 문제에 대해 성경이 직접
적인 답을 들려주기도 하지만, 매일 직면하는 현대적인 이슈들
에 대해서는 하나님 나라의 원칙에 기초한 성경적 분별과 해석
이 요청된다. 예를 들어, 결혼과 출산, 자녀 교육과 진로, 사이비
이단의 메시지 같은 것들이 그렇다. 이처럼 그리스도인의 분별
은 하나님 나라의 질서를 따르기로 결단하는 선택과 더불어, 그
나라에 합당한 삶의 방식에 배치되는 일들을 구별하여 저항하

는 행위까지 포함한다.

(3) 개인적 소명과 삶의 의미를 발견하는 그리스도인

그리스도인에게 주어진 소명은 직업 이상의 의미를 지닌다. 사람마다 지문이 다르듯이 소명은 저마다 독특하고 특별하다 (고전 7:24). 하나님 나라 백성으로 부름을 받은 그리스도인으로서 하나님 나라를 위해 어떻게 봉사할 것인지, 자신에게 주신 기질과 은사의 궁극적인 목적이 무엇인지를 찾아가는 여정은 개인적 소명과 밀접한 관계가 있다. 소명의 발견은 한 번으로 끝나지 않는다. 지속적으로 소명을 확인하고 예수 그리스도가 다시 오시는 날까지 그에 합당한 삶을 가꾸어 가는 과정이 필요하다.

개인적 소명을 발견하는 일 못지않게 중요한 것은 인생의 의미를 확인하는 과정이다. 예상한 일 예상하지 못한 일, 기쁜 일 슬픈 일, 감사한 일 절망하게 되는 일 등 각각의 사건이 갖는 의미를 하나님께 묻고(영적인 요청) 이를 묵상하는 것은 그리스도인의 변화와 성숙에 꼭 필요한 일이다. 시편 기자가 자신이 겪고 있는 어려움을 호소하며 "여호와여 언제까지입니까?"(시 89:46)라고 물은 것은 의심과 불신으로 인한 질문이라기보다 하나님의 사랑과 선하신 뜻이 그 가운데 있음을 믿고(시 89:1)

이를 발견하기 위한 몸부림이라고 할 수 있다. 이처럼 일상에서 경험하는 기쁨과 슬픔, 감사와 절망의 의미를 하나님께 물을 때, 그 사건 속에서 일하시는 신실한 하나님을 만나며 영적인 유익을 경험할 수 있게 된다.

6. 하나님 나라에 합당한 공적 신앙을 실천하는 그리스도인

그리스도인은 하나님 나라 시민이자 예수님의 제자로서만이 아니라 몸담은 사회의 시민으로서 살아간다. 따라서 관계적인 공적 신앙을 가꾸고 실천하는 일은 중요하다. 공적 신앙은 그리스도인 개인이 이미 맺고 있는 사람들과의 관계—가족, 성도, 친구, 가까운 이웃 등—뿐만 아니라 지역, 국가, 지구, 생태공동체의 일원으로서 맺는 직간접적인 관계 속에서도 싹을 틔우고 성숙해 간다. 이러한 관계적인 공적 신앙을 실천하는 것은 공동체가 지향하는 하나님 나라 비전에 공감하고 이를 공유하며, 그리스도인 개인의 삶에서 신학적, 도덕적 분별력을 기르는 일과 더불어 성경적인 공적 분별력을 키우는 것을 필요로 한다. 나아가 사랑과 정의가 균형 잡힌 공동선을 삶 속에서 실천할 수 있어야 한다.

(1) 공동체가 지향하는 하나님 나라 비전을 공유하는 그리스도인

교회 공동체의 일원으로서 공동체의 비전과 사명을 이해하고 그것에 참여할 때 자신의 소명과 역할에 대해서도 더욱 선명하게 생각할 수 있게 된다. 여기에는 분명한 성경적인 전제가 있다. 바로 그리스도인 개인과 교회 공동체 모두 머리이신 예수 그리스도께 속한 지체(엡 1:22-23)이며 예수 그리스도의 이름으로 모일 때(마 18:20) 건강한 관계를 맺게 된다는 사실이다. 그리스도인은 같은 신앙을 고백하는 것뿐만 아니라 믿음과 사명의 공동체로 부르시는 하나님의 뜻(마 12:50; 엡 2:21-22)을 신뢰하며 그 공동체가 지향하는 하나님 나라의 비전과 소명을 공유할 수 있어야 한다.

만일 한 그리스도인이 자신이 속한 교회 공동의 비전과 사명에 동의하지 못한 채 개인의 헌신과 소명만을 추구하면 공동체와 갈등을 빚거나 어려움을 겪을 수 있다. 물론 공동체가 공동체의 비전을 내세워 개인적 헌신과 봉사를 강요해도 된다거나 개인적인 소명은 무시해도 된다는 의미가 결코 아니다. 그러한 집단주의적 태도는 성경이 말하는 예수 그리스도의 한 몸에 속한 지체를 대하는 방식과는 거리가 멀다(고전 12:17-18).

이와 반대로, 교회 공동체가 보이는 연약하고 부정적인 태도로 인해 그리스도 개인이 공동체에 대한 희망을 포기하거나 공동체의 비전을 불신하는 경우도 있다. 하지만 교회 공동체는 여전히 세상 속의 소금과 빛으로 살아가도록 요청받고 있다(마 5:13-15). 그리스도인은 이러한 교회의 부르심에 대한 소망을 붙들고 교회를 통한 하나님 나라의 회복과 사명을 이해하며 합력하여 선을 이루도록 간구해야 한다(롬 8:28).

⑵ 공적 분별력을 지닌 그리스도인

21세기 포스트모던 시대를 살아가면서 그리스도인 개인은 분별과 해석을 필요로 하는 수많은 사건과 이슈를 마주하게 된다. 본 지표연구와 관련해서 고려해야 할 중요한 점은, 이 분별과 해석은 개인적인 삶의 영역에 대한 것만이 아니라는 점이다. 이는 자신이 몸담은 공동체와 세계 가운데 이루어지는 하나님 나라의 회복이라는 관점에서 바라볼 필요가 있다(마 6:9-10). 즉, 분별의 영역은 개인과 공동체, 사회로까지 확장되어 있다는 것을 기억해야 한다. 예를 들어, 사이비 이단 문제와 같은 신학적 분별을 비롯하여, 지역사회에서 일어나는 비도덕적이고 불의한 사건, 세대 갈등, 생명 경시, 장애인과 약자에 대한 차별과 소외 등의 공적인 이슈에 대한 건강하고 바른 기독교적인 분별력이 필요하다.

특히 디지털 시대를 살아가는 현대 그리스도인은 미디어 정보를 기독교적 관점으로 분별하고 활용할 수 있는 미디어 리터러시media literacy 역량을 길러야 한다. 현대 사회에서 미디어와 동떨어져 살아가기란 어렵다. 휴대전화를 통해 뉴스를 시청하고, 유튜버들이 생산하는 콘텐츠로부터 지식을 습득한다. 그뿐만 아니라 미디어 매체를 통해 정치, 경제, 사회, 문화, 종교 등 여러 영역에 걸쳐 단편적인 지식을 얻고 그에 대한 해석마저 영향을 받는다. 따라서 미디어가 그리스도인의 삶의 방식과 의사결정에 미치는 영향력을 과소평가하거나 간과하지 않고 바른 공적 분별력을 지니기 위해 지속적으로 노력해야 한다.

⑶ 사랑과 정의가 균형 잡힌 공동선을 실천하는 그리스도인

공동선은 '타자의 유익을 구하는 삶'이라고도 말할 수 있다. 성경에 나타난 공동선은 하나님의 구속 역사를 통해 공적 삶 가운데 샬롬(평화)이 이루어지는 삶(시 122:6), 사랑과 진실, 그리고 정의와 평화가 서로 입을 맞추는(시 85:10) 모습으로 묘사된다. 또한 예수님이 제자들에게 가르치신 산상수훈(마 5-7장)은 삶의 한복판에서 공동선을 위해 살아가는 법을 보여 준다. 다시 말해 기독교적 관점에서 공동선 실천의 출발점은 하나님이 온 세상을 온전하게 하시는 구속 사건이다. 그리고 그리스도인은 삶의 전 영역에서 사랑과 진실, 정의와 평화를 이루도록 요청받는다. 따라서 공동체가 가진 하나님 나라의 비전을 공유하고, 공적 분별력을 세우는 과정과 더불어, 하나님의 공동선을 일상의 삶에서 이룰 수 있어야 한다. 이는 교회 공동체가 세우는 것인 동시에, 그리스도인 개인이 각자의 삶에서 교회 밖 이웃과 함께 실천하는 것이기도 하다.

성경이 말하는 사랑은 불평등과 불의를 눈감아 주는 맹목적인 포용주의가 아니다. 또한 그리스도인에게 요청되는 정의는 개인과 사회가 지닌 연약함과 죄에 대해 사랑과 용서를 선포하시는 그리스도의 복음을 고려하지 않은 채 옳고 그름만을 판단하는 율법적인 태도와도 다르다. 절망 속에 살아가는 개인과 공동체를 향해 애통하시고 복음과 치유와 복음적 가르침으로 어루만지시는 예수님(마 9:35-36)을 닮고자 애쓰는 것, 동시에 개인적 혹은 집단적인 이기주의에 사로잡혀 공동의 선을 가로막는 모습에 단호하게 맞서며 하나님 나라 질서를 회복하기 위해 애쓰는 것, 이것이 하나님 나라 백성이 공동선을 실천하는 모습이라고 할 수 있다. 결론적으로 그리스도인이 세상 속에서 공동선을 실천하는 것은 사랑과 진실, 정의와 평화가 조화를 이루도록 하는 것과 연관이 깊다.

함께 읽으면 좋은 책들

- 임성빈. 『21세기 한국사회와 공공신학』. 장로회신학대학교출판부, 2017.
- 월터 브루그만. 정성묵 옮김. 『완전한 풍요』. 한국장로교출판사, 2021.
- 제임스 파울러. 사미자 옮김. 『신앙의 변화』. 한국장로교출판사, 2016.
- 팀 켈러·존 이나주. 홍종락 옮김. 『차이를 뛰어넘는 그리스도인』. 두란노, 2020.

2장

공동체로서의 교회

이병옥(장로회신학대학교 선교신학)

그리스도의 몸의 활력

ㅇㅇㅇ

우리는 종종 '활력이 넘친다'는 표현을 쓴다. 그 의미를 구체적으로 풀자면, "생명체가 자신의 **존재 목적에 따라** 살아 숨 쉬는 가운데 튼튼하고 활발하며 건강한 상태"라고 말할 수 있다. 이 것은 교회의 활력에도 해당된다. 중요한 것은 존재의 목적이다. 따라서 존재의 목적을 어떻게 규정하느냐에 따라 교회의 활력에 대한 평가는 달라질 수 있다. 이런 점을 고려할 때, '공동체로서의 교회'에 대한 이해는 복음의 핵심인 하나님 나라와 깊은 관련이 있다.

교회는 하나님 나라를 선포하고 구현하기 위해 성령에 의해 세상으로 파송된 그리스도의 몸 된 공동체다. 한마디로 하나님 나라를 지향하는 공동체다. 교회를 하나님 나라와 동일시해서는 안 되지만 교회를 하나님 나라와 분리해서도 안 된다. 교회는 하나님 나라가 지향하는 하나님 통치의 표적과 전조, 대리자와 도구로서 세상에 존재하기 때문이다. 교회는 예수 그리스도를 통해 이 땅 가운데서 이루어지기 시작한 하나님 나라의 종말론적인 질서가 실현되는 구체적인 공동체다. 또한 죄인인 인간이 예수 그리스도를 통하여 하나님과의 수직적 화해와 치유를 경험하고, 이로 인하여 다른 인간들과의 수평적 화해를 경험하는 하나님 나라 백성의 공동체다. 즉, 교회는 성령에 의해 창조되고 인도되는 공동체로서 하나님의 통치 아래 사는 사람들의 공동체가 되도록 소명을 받았다. 따라서 그리스도인들이 모여서 예배하고 교제하는 모습에서부터 하나님 나라는 현존한다.

하나님 나라는 통치자 하나님과 그의 백성을 말하는 것이기에 본질적으로 공동체적이다. 하나님 나라의 백성인 인간은 하나 된 공동체로 존재하는 삼위 하나님의 형상으로 창조되었다는 것부터가 공동체로 창조되었다는 것을 말한다. 공동체로서의 교회는 장소나 제도이기 전에 사람을 의미한다. 단순히 개인의 선택으로 이루어진 연합체가 아니라 코이노니아를 위하여 부르심을 받은 개인들로 이루어진 공동체다. 성경은 그리스도가 교회의 머리이며 교회는 그의 몸이라고 가르친다. 이 말은 교회가 그리스도의 뜻을 섬기는 공동체인 동시에 모든 지체가 평등한 은사 공동체라는 뜻이다. 결국 교회란, 책임감을 가지고 상호 협력해야 하는 공동체인 것이다.

생태학적 측면에서 볼 때, 교회를 '그리스도의 몸'이라고 말하는 것은 교회가 하나의 유기체인 것을 나타낸다. 모든 생명체는 외부로부터 자원을 공급받고 다시 외부로 자신의 자원을 공급한다. 에덴동산은 삼위일체 하나님과 인간, 인간과 자연, 하나님과 자연이 조화롭게 어우러지는 생명체 공동체였다. 인간의 죄로 말미암아 이 관계성이 깨어졌지만, 인간의 죄로 땅이 저주를 받는 것이나 인간의 구원과 피조물의 구원이 연결되어 있는 것은 창조의 비전이 공동체의 관계성에 바탕을 두고 있음을 보여 준다. 그러므로 개인의 신앙은 교회 공동체와 분리될 수 없고, 교회 공동체는 세상과 분리되어 존재할 수 없다.

유기체적 관점에서 보면, 교회는 이미 세상과 밀접한 관계를 맺고 있다. 세상으로부터 인적, 물적 자원을 공급받고 자신의 생산물을 세상으로 내보낸다. 이런 순환적 구조가 교회의 존재와 사역 방식에도 적용이 되는데, 신앙이 없었던 사람이 교회 공동체를 통해서 예수님의 제자가 되어 세상으로 나가는 것이 가장 좋은 예다. 이런 유기적 연결성을 통해서 교회 공동체의 내적·외적 관계성뿐만 아니라 지역 교회와 다른 교회들 사이의 연결성도 이해할 수 있다.

지금까지 이야기한 것을 토대로 교회의 활력을 측정할 수 있는 지표의 항목들을 제시하려고 한다. 교회의 활력에 대한 논의는 여러 학자와 교회들에 의해서 진행되어 왔고 많은 부분에서 공통점을 갖는다. 이런 점을 고려하면서, 교회가 하나님 나라를 지향하는 공동체로 세상에서 건강하게 존재하려 할 때 필요한 지표들을 살펴보자.

건강하고 신실한 공동체로서의 교회를 위한
지표 항목과 의미

○ ○ ○

'교회의 건강성 측정을 위한 조사' 중 공동체로서의 교회 부분은 여섯 항의 중위 항목과 열여덟 항의 하위 항목으로 구성된다. '하나님 나라를 지향하는 리더십', '하나님 나라의 영감과 감동을 주는 예배 공동체', '하나님 나라를 향해 계속 성장하는 제자 공동체', '하나님 나라의 축제를 경험하는 친교 공동체', '연약한 자들과 환경을 돌보는 공동체', '복음 증거와 선교에 헌

• 공동체로서의 교회 건강성 지표 구성 항목 •

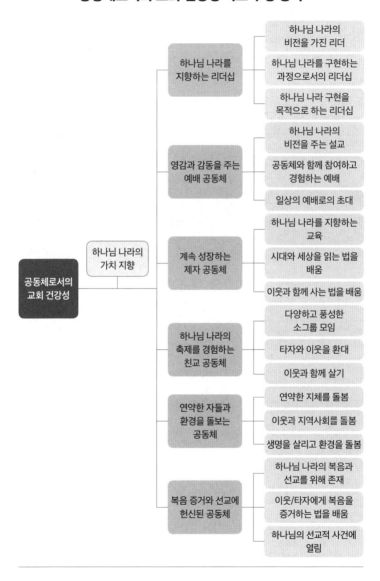

신된 공동체'로 나뉜 중위 항목을 세 항목씩 세분한 후 각각의 의미를 설명하였다. 그리고 조사결과에 대한 평가와 분석의 근거를 제시하였다.

1. 하나님 나라를 지향하는 리더십

리더십은 방향성으로 이해할 수 있는데 하나님의 선교는 분명한 방향성을 갖는다. 바로 하나님 나라다. 예수 그리스도의 복음의 중심에는 하나님 나라가 있고, 이 복음은 하나님 나라가 완성될 때까지 계속될 것이다. 뉴비긴Lesslie Newbigin은 삼위일체 하나님의 선교적 관점에서 하나님 나라의 복음을 이해해야 한다고 강조한다. 그에 따르면 선교는 "성부의 나라를 선포하며, 성자의 생명을 나누고, 성령의 증거를 전하는 것"이다.[1]

하나님의 선교는 '하나님의 리더십'의 다른 말이다. 하나님의 리더십은 서방교회의 삼위일체론이 강조하는 하나님의 주도권과 동방교회의 삼위일체론이 강조하는 하나님의 관계성 및 연결성을 모두 포함한다. '선교'라는 말의 문자적 의미가 '보냄'이라는 점에서, 요한복음 17장 18절 말씀, "아버지께서 나를 세상에 보내신 것같이 나도 그들을 세상에 보내었고"는 하나님의 선교와 하나님의 리더십을 함께 이해하도록 돕는다. 하나님의 선교는 성부 하나님이 성자 하나님을 세상으로 보내는 것에서 그치지 않고, 그리스도가 교회를 세상으로 보내는 것과 연결된다. 사도행전에서 본격적으로 교회가 시작되는데 그것은 제자들의 결단에 의한 것이 아니라 성령의 역사와 인도하심이었다(행 1:8; 2:1-4, 33-38; 8:29, 39).

그동안 교회 안에서 서방교회의 하나님 이해가 주를 이루는 바람에 교회의 리더십은 상대적으로 하향식으로 발전해 왔다. 한국교회 안에서 담임목사의 역할이 지대했던 것도 바로 이 이유다. 담임목사의 역할은 여전히 중요하다. 그러나 교회가 진정으로 하나님 나라를 구현해 가기 위해서는 삼위 하나님의 사랑의 관계성이 리더십에 적용되어야 한다. 그리스도의 몸 된 교회는 머리이신 그리스도의 뜻을 따르는 측면에서 수직적 리더십을 반영하지만, 성령의 능력 안에 있는 평등한 은사 공동체이자 하나님의 사랑을 나타내는 공동체로서 수평적이고 관계적인 리더십을 포함한다.

(1) 하나님 나라의 비전을 가진 리더

궁극적으로 하나님 나라는 하나님이 통치하시는 나라다. 하나님 나라는 예수님의 분명한 비전이었다. 예수님은 그의 나라와 의를 먼저 구하라 말씀하셨고(마 6:33), 자신도 하나님 나라와 하나님의 뜻이 이루어지기를 간구하며 사셨다(마 6:10; 막

14:36). 바울의 사역에서도 하나님 나라가 사역의 내용이자 목표였다(행 8:12; 28:31; 고전 4:20; 골 4:11). 그러므로 예수님의 제자이자 머리 되신 그리스도의 지체로서 하나님 나라의 비전을 가지는 것은 굉장히 중요하다. 이를 위해서 리더는 하나님의 뜻을 구하는 기도와 영성 훈련이 필요하고, 공동체의 사람들을 통해 말씀하시는 하나님의 음성에 귀를 기울일 수 있어야 한다. 또한 하나님의 나라와 의를 구하는 마음으로 세상 사람들의 기쁨과 애환에 주의를 기울일 수 있어야 한다.

한국교회의 현실을 고려할 때 교회의 방향성은 목회자나 교회 리더들의 비전과 밀접하게 연결되어 있다. 따라서 담임목사를 비롯한 교회의 리더들은 공동체 일원들이 개인적/공동체적 욕망에 치우치지 않도록 지속적으로 하나님 나라의 비전을 설교와 교육과 삶을 통해서 제시해야 한다. 세상의 가치관과 문화를 하나님 나라의 관점에서 비판적으로 접근할 수 있도록 도울 뿐만 아니라 하나님 나라의 가치관과 문화를 만들어 낼 수도 있어야 한다. 이를 위해서 우선되어야 하는 것은 세상과의 소통이다. 교회 공동체의 지체들이 신앙의 언어와 세상의 언어를 자유롭게 번역하고 구사하는 이중언어자가 될 수 있도록 리더가 먼저 그 언어에 민감해야 한다.

(2) 하나님 나라를 구현하기 위한 과정으로서 리더십

하나님 나라의 구현은 하나님이 교회와 세상을 어떻게 통치하시는지를 신학적 상상력을 통해서 구상하고 거기에 참여하는 것이다. 예수님이 열두 제자를 훈련하시고 칠십 명의 제자를 파송하신 것을 고려할 때, 예수님은 하나님의 통치를 이루어 가기 위해 리더십을 사용하신 것을 알 수 있다. 중요한 것은 마지막 때에 이루어질 하나님 나라의 완성이라는 측면에서 보자면, 이 땅에서 하나님 나라를 구현하고자 하는 것은 일시적이고 잠정적인 성격을 갖는다는 점이다. 교회 공동체의 각 사람은 그리스도의 몸(롬 12:4-5; 고전 12:12-27)에서 각기 다른 기능을 가진 평등한 지체들로서 머리 되신 그리스도의 뜻을 세우기 위해 서로 연합해야 한다. 즉, 한두 명의 '리더'가 아니라 '리더십'이 강조되어야 하고, 종말론적 하나님 나라를 구현해 가는 차원에서 리더십은 지속적인 과정이 되어야 한다.

따라서 하나님 나라를 지향하는 교회의 리더십은 개인의 특성을 강조하는 것에 국한되어서는 안 된다. 더 많은 사람들이 리더십을 발휘하는 과정에 참여할 수 있어야 한다. 교회마다 갖는 교회의 신학과 역사를 고려하되, 가능한 한 모임과 조직은 보다 개방적이어야 하고 더욱 민주적이어야 한다. 리더십의 선순환을 이룰 수 있어야 한다.

(3) 하나님 나라의 구현을 목적으로 하는 리더십

하나님 나라의 구현은 교회 내부에서부터 시작된다. 교회 공동체가 주님 안에서 하나 되는 모습 자체가 하나님 나라의 모습을 드러내는 것이다. 하나님 나라 구현이라는 분명한 목적과 비전을 위해서 상황과 형편에 따라 교회 리더십은 다양한 형태를 띨 수가 있다. 그러나 아무리 다양한 형태의 리더십을 가졌다 해도 그 목적을 상실하면 교회는 세상의 다른 공동체처럼 자신의 생존만을 위하는 공동체가 되고 만다. 예수님이 제자들(교회)을 세상으로 보내실 때(요 17:18-21), 하나님의 리더십이 발현되는 것을 볼 수 있다. 그런데 이때 먼저 그들을 성부와 성자의 교제 가운데로 초청하시고 그 안에서 하나님과 교회의 연합 및 교회 지체들의 연합을 맛보게 하신다. 교회가 세상에서 한 일은 아직 아무것도 없지만 놀랍게도 세상은 교회가 하나 된 모습을 보고 성부 하나님이 성자 예수님을 보내신 것을 믿게 된다(21절). 결국 교회 내부의 모임과 의사결정의 모습 속에서 하나님 나라가 드러나는 것이다.

그리고 교회가 하나님 나라를 지향하는 한, 그 공동체는 종말론적 공동체로서 끊임없는 혁신을 이어 간다. 공동체가 성숙해지고 상황이 변하는 것에 따라 하나님 나라에 대한 이해 또한 변화하고 확장되기 때문이다.

2. 하나님 나라의 영감과 감동을 주는 예배 공동체

예배는 근본적으로 하나님과의 만남이다. 하나님이 인간을 하나님의 형상으로 만드셨다는 것은 인간이 하나님을 만나고 그분을 닮아가는 것이 창조의 목적임을 의미한다. 타락 전에 아담과 하와는 하나님과 만나고 대화하는 것에 거리낌이 없었고, 타락한 인간에게 예수님이 선물하신 것은 예수님을 믿음으로 말미암아 인간 안에 있는 하나님의 형상이 회복되어 하나님과의 만남을 누리게 되는 것이다. 따라서 우리가 하나님을 예배하는 것은 하나님께도 기쁨이 되지만, 그와 동시에 그것이 우리 자신을 살리고 충만하게 하는 축복이자 은혜다.

또한 예배는 '드리는' 것이다. '예배하다'에 해당하는 히브리어는 '샤햐'שחה와 '아바드'עבד로, '샤햐'는 권위자에게 굴복한다는 맥락에서 '엎드려 절하다', '경배하다'는 뜻이고 '아바드'는 종과 주인의 관계 속에서 '섬기다', '봉사하다'는 뜻을 지닌다. 헬라어로는 '프로스퀴네오'προσκυνέω와 '라트레우오'λατρεύω, '레이투르게오'λειτουργέω인데 '프로스퀴네오'는 히브리어 '샤햐'에, '라트레우오'는 '아바드'에 상응한다. '레이투르게오'는 문자적으로 '백성을 위하여 일한다'는 뜻으로 고대 아테네에서 백성이 절기 축제나 제사를 위해 갖는 공동체적 의무에서 기인했다. 이것은 예배가 갖는 공동체적이고 공공적인 성격을 잘 드러낸다. 구약에서도 예배는 개인보다는 가정이나 나라 전체가 하나님께 드리는 공동체적이고 공공적인 성격을 띠었다. 즉, 예배는 하나님을 따르는 백성이 하나님께 드리는 섬김과 순종과 봉사다. 따라서 공동체적이고 공공적이다. 나아가 하나님 나라의 관점에서 보자면, 예배는 하나님의 백성임을 드러내는 공적 증거이자 정치적 사건이다. 교회의 공적 예배는 파송으로 끝나는데, 이것은 세상에서 하나님의 통치를 따라 하나님의 백성으로, 하나님 나라의 증인으로 살라는 명령이다.

따라서 예배는 예배자가 개인의 사사로운 영역을 넘어 하나님의 세계를 경험하게 한다. 여기에 영감과 감동이 있다. 하나님과의 만남은 하나님의 마음을 엿보게 하고, 하나님의 비전인 하나님의 나라를 꿈꾸게 한다. 만일 예배가 하나님을 달래어 개인의 목적을 추구하는 것이라면 우상을 섬기는 것과 다를 것이 없다. 또한 하나님과의 만남 가운데 교회 공동체는 성령의 임재를 경험한다. 예수님은 성령에 이끌려 하나님 나라의 도래를 선포하셨고, 성령의 감동을 받은 사도들과 제자들도 하나님 나라를 전파하며 하나님 나라의 도래를 소망했다. 그러므로 하나님 나라를 지향하는 교회는 먼저 자신들이 예배 가운데 하나님 나라의 영감과 감동을 경험하고 하나님 나라의 도래와 완성을 소망한다. 그리고 공동체로서 이 경험을 공유한다.

(1) 하나님 나라의 비전을 주는 설교

개신교 예배에서 설교가 차지하는 자리는 매우 크다. 하지만 설교를 예배의 전부로 여기는 태도는 지양해야 하며, 전달하는 내용이 세상의 가치관이나 성공주의에 매몰되어서는 안 된다. 종교개혁자 칼뱅은 말씀 선포를 교회의 참된 표징의 하나로 보았는데, 이때 말씀은 철저히 성경에 근거하고 그 중심에는 그리스도가 있어야 한다. 설교자는 전달자일 뿐 말씀하시는 분은 하나님이다. 20세기의 종교개혁자로 추앙받는 바르트Karl Barth는 설교가 하나님의 말씀이신 예수 그리스도를 계시할 때만 하나님의 말씀이라고 가르쳤다. 또한 예수 그리스도는 설교의 본질적 내용인 동시에 설교자의 참 모범이시다. 예수님의 설교 속에는 하나님 나라의 비전이 충만하다. 진정한 설교자는 이처럼 하나님 나라의 비전을 전달할 수 있어야 한다.

하나님 나라의 비전은 개인의 울타리 안에 갇히기 쉬운 신앙을 공동체의 영역으로 확장시키고, 더 나아가 세상까지 바라볼 수 있게 만든다. 이것이 하나님 나라 비전이 주는 새로운 기쁨과 감격이다. 그로 인해 교회에서만이 아니라 일상 속에서도 하나님이 주님으로서 우리의 삶과 세상을 다스리시는 것을 인정하고 그렇게 살아갈 때, 세상은 우리를 통하여 하나님 나라를 보게 될 것이다.

⑵ 공동체와 함께 참여하고 경험하는 예배

교회가 믿는 자들의 공동체인 한, 교회의 예배는 본질적으로 공동체적이다. 개신교 예배에서 설교가 중요한 자리를 차지할지라도 설교의 완성은 청중이다. '예배로의 부름'은 하나님 앞으로 하나님의 백성인 교회 공동체를 초청하는 순서다. '기원', '경배', '죄의 고백과 용서', '봉헌' 등 이 모든 순서가 공동체와 하나님 사이에서 함께 이루어진다. '교회 소식'도 공동체적 측면에서 굉장히 중요한 예배의 하나다.

그 무엇보다 예배 자체가 하나님과 인간 사이에 일어나는 공동체적 사건이다. 예배는 하나님과 인간의 만남을 넘어 인간과 인간의 만남을 포함한다. 구심론적 관점에서 보자면, 교회의 선교 목적은 열방이 하나님께 나아와 예배하는 것이다. 시편이나 예언서에서 열방은 예배를 위해 시온으로 나아오도록 초청받으며, 요한계시록은 찬양하고 예배하는 모습으로 하나님 나라의 공동체를 그려 내고 있다. 우리의 공공 기도에는 공동체뿐 아니라 이웃을 위한 간구가 포함되어 있고, 성례전을 통해서는 예수 그리스도의 몸과 피를 공유함으로써 그리스도의 몸 된 공동체임을 확인하고 하나님 나라의 도래를 기대하도록 한다.

계시록에는 다양한 민족들이 주님께 나아와 예배하는 모습이 그려지고 구약에 나타난 성전 구조 안에는 이방인을 위한 뜻이 있다. 이처럼 예배에는 타자·이웃을 위한 열린 공간이 존재한다. 이것이 의미하는 것은, 하나님 나라는 스스로 의롭다 여기는 자들을 위한 나라가 아니라 죄인들이 그리스도의 보혈로 인하여 의인으로 변화되는 나라라는 것이다. 따라서 예배란 믿지 않는 자나 새신자를 하나님 나라 공동체로 초청하는 것이다.

(3) 일상의 예배로의 초대

예배는 파송으로 끝난다. 이는 예배당 밖으로 나가 세상에서 빛과 소금 같은 선교적 공동체로 살아가라는 뜻이다. 주일에 모여서 예배하는 것은 그 한 번으로 충분해서가 아니라 일상 속에서 하나님을 예배하기 위함이다. 예수님은 하나님 나라를 밭에 감춰진 보화에 비유하셨다. 예배worship가 예배자의 소중한 가치worth가 무엇인지를 드러내는 것이라면, 우리는 매일의 삶에서 나의 소유를 팔아 그것을 취해야 한다. 그러므로 우리가 무엇을 먹고 어디에 살고 무엇에 돈을 쓰며 타인을 어떻게 대하는가 하는 평소의 삶이 우리가 하나님을 예배하는 모습을 드러낸다. 즉, 일상의 예배란 먼저 그의 나라와 의를 구하는 삶이다.

3. 하나님 나라를 향해서 계속 성장해 가는 제자 공동체

겨자씨 비유(마 13:31-32; 막 4:30-32; 눅 13:18-19)는 하나님 나라가 이처럼 놀랍게 다가온다는 것을 강조하는 동시에 지금은 보잘것없는 제자들과 교회가 나중에는 수많은 생명을 구원에 이르게 하는 커다란 존재로 성장한다는 의미다. 교회는 겨자씨처럼 하나님 나라를 향해서 계속 성장해 가는 공동체다.

또한 제자 공동체로서 교회는 그리스도의 장성한 분량에 이르기까지 성장해 가야 한다. 예수님은 다양한 삶의 배경을 가진 이들을 제자로 불러 공동체 안에서 양육하셨다. 마찬가지로 하나님은 성령을 통해 우리를 그리스도의 몸 된 공동체로 부르셨다. 이 공동체 안에서 우리는 하나님 나라를 맛보고, 사랑과 정의의 하나님 나라의 법과 질서를 배우며 성장한다.

(1) 하나님 나라를 지향하는 교육

교육은 분명한 방향성을 가질 때 효과적이다. 기독교교육이나 교회 교육의 모범이신 예수님은 분명한 방향성을 가지고 계셨다. 반복해서 언급하고 있듯이, 바로 하나님 나라다. 예수님은 하나님 아버지가 자신을 보내신 것과 그 목적을 분명히 알고 계셨다. 그리고 그것은 하나님 나라를 선포하고 가르치고 증거하는 사명으로 이어졌다. 또한 아버지가 자신을 세상에 보내신 것처럼 제자들을 세상으로 보낼 계획을 가지고 계셨고(요 17:18; 20:21), 실제로 그리하셨다. 교회도 마찬가지다. 교인들이 교회 안에서 하나님 나라를 배우고 누리도록 하는 것과 함께, 세상에서 하나님 나라의 백성으로 살아가도록 '보내는' 것을 교회 교육의 목적으로 삼아야 한다.

하나님은 이집트에서 노예로 살던 이스라엘 사람들을 하나님의 백성이 되도록 광야에서 훈련시키셨다. 우리가 하나님과의 만남을 통해 이미 임한 하나님의 나라를 경험하지만 세상 가운데서 그 나라를 분별하기 위해서는 교육이 필요하다. 따라서 교회는 유아부부터 장년부에 이르기까지 하나님 나라와 말씀을 가르치는 제자 공동체가 되어야 한다. 다양한 소그룹 모임과 학습 프로그램을 제공할 뿐만 아니라 하나님을 왕이자 주님으로 고백하며 살아가는 참된 백성의 삶을 보여 줄 수 있어야 한다.

(2) 시대와 세상을 읽는 법을 배우는 공동체

예수님의 공생애는 30세 이후에 시작된 것으로 여겨진다. 하나님의 아들이 왜 30년이란 시간이 필요했을까. 교육의 관점에서 생각해 보면, 하나님의 말씀만이 아니라 시대와 세상에 대해 공부할 시간이 필요했던 것이다. 그 시간을 거치셨기에 예수님의 가르침은 성경적인 동시에 당시 삶의 문제와도 긴밀하게 연결된다. 농부에게는 농사에 대해, 어부에게는 고기잡이에 관해, 로마 치하의 백성에게는 세금 문제와 섬기는 대상에 관해 말씀하신다. 종교적이면서 정치적인 상황에 직면해 있는 유대인의 현실을 충분히 다루실 수 있었던 것이다.

교회는 그냥 빛과 소금이 아니라 세상의 빛과 세상의 소금이다. 따라서 교회는 시대와 세상 읽는 법을 배워서 세상과 소통할 줄 알아야 한다. 특히 4차 산업혁명 시대에는 이에 대한 요구가 더욱 강력하다. 동시에 교회는 세상 가운데 대조 공동체 contrast community로서 이 시대 속에 하나님 나라의 문화를 창조해 내고 공급하는 법을 배워야 한다. 세상과 시대가 끊임없이 변화하기에 이 작업은 계속적으로 진행되어야 한다.

(3) 이웃과 함께 사는 법을 배우는 공동체

예수님은 율법을 하나님 사랑과 이웃 사랑으로 명료하게 정의하셨고, 그 두 가지가 분리되어 있지 않음을 누누이 강조하셨다. 이러한 예수님의 이해가 분명하게 드러난 것이 선한 사마리아인의 비유(눅 10:25-37)다. 유대인에게 이웃의 범위는 하나님의 선민이라고 여겨진 유대인에게 한정되어 있었고, 이웃과의 관계는 율법을 기반으로 하고 있었다. 이런 상황에서 제사장과 레위인은 길을 가는 도중에 만난 거의 죽은 듯한 유대인을 돌보지 않는다. 시체와 접촉할 경우 부정하게 된다는 당시의 율법을 기준으로 하면 하나님을 사랑해서 그냥 지나쳐 간 것이다. 반면에 율법 없이 사는 사람으로 여겨진 사마리아인은 죽어가는 사람의 고통에 반응하여 그를 돌본다. 예수님은 하나님과 이웃을 사랑하기 위해서 만들어진 율법이 도리어 이웃을 사랑하지 못하게 만드는 상황을 지적하셨다. 나아가 도움이 절실히 필요한 사람을 유대인으로, 그를 돕는 자를 사마리아인으로 설정함으로써 이웃 사랑이 사마리아인으로부터 오는 상황을 보여주셨다. 이것은 믿는 자들에게 좋은 이웃이 되라는 가르침인 동시에 믿는 자들도 믿지 않는 자들에게 도움을 받을 수 있는 존재임을 각인시키신 것이다.

지역교회는 대체로 지역사회 안에 위치한다. 교회가 위치한 지역으로부터 멀리 떨어져 사는 교인들도 물론 있지만 그들조차도 이웃과 함께 살아간다. 팬데믹이 확산되던 시기에 시행된 사회적 거리두기는 우리가 서로 얼마나 밀접하게 연결되어 있는지를 확인시켜 주었다. 경제와 환경을 비롯한 다양한 사회적 문제에 대처하기 위해서 교회는 이웃과 함께 사는 법을 배워야 한다. 교회가 믿지 않는 이들에게 복음을 증거하기 위해서 존재하는 공동체라면, 이웃과 함께 살 때 더욱 다양한 모양으로 복음을 증거할 수 있을 것이다.

4. 하나님 나라의 축제를 경험하는 친교의 공동체

하나님 나라를 잔치에 비유한 말씀(마 22:1-14; 눅 14:15-24)에서, 왕이신 하나님은 잔치를 여시고 제자들은 사람을 초대하는 역할을 맡는다. 예수님은 바로 이 잔치를 선포하고 벌이셨다. 오병이어의 기적이나 칠병이어의 기적이 일어난 자리는 유대인이 이전에 경험해 보지 못한 잔치 자리였다. 당시 사람들이 잔치에서 가장 기대하는 것은 마음껏 먹는 것이었다. 그래서 오병이어 기적을 이야기하며 열두 광주리가 남았다고 기록한 것은 잔치의 풍성함을 말하려는 것이다. 이런 점에서 볼 때, 예수님과 제자들의 최후 만찬은 다시는 목마르지 않고 다시는 배고프지 않는 영원한 잔치, 곧 축제로의 초대였다. 이렇게 예수님이 베푸신 하나님 나라의 축제를 경험하는 공동체가 교회다.

예수님을 믿는다는 것은 하나님과의 관계를 회복하는 것과 같다. 탕자의 비유를 보면 탕자가 돌아왔을 때 그의 아버지는 잔치를 연다. 즉, 하나님과의 관계 회복은 하나님 아버지가 베푸시는 잔치에 참여하는 것이다. 예수님은 죄인과 세리의 친구가 되시고, 그들과 함께 밥상 공동체를 만드시며, 병든 자들을 치유하시고, 가난한 자들에게 복음을 전하시면서 그들을 하나님 나라의 잔치로 초청하셨다. 그리고 이 잔치의 맛을 본 사람들이 다시 하나님 나라의 잔치를 만들고 다른 이들을 초청한다. 코로나 시대를 지나면서 깊이 있고 진실된 관계맺기가 어려운 때에 사람들은 이런 공동체 안에서의 교제를 더욱 더 소망하고 있다.

(1) 다양하고 풍성한 소그룹 모임이 있는 공동체

코로나19는 교회에 분명 위기였지만, 한편으로는 기회가 되기도 했다. 가정을 교회로 바라볼 수 있게 해 주었다는 점에서 그렇다. 공공 모임이 금지되자 가정은 자연스럽게 예배와 교제가 있는 교회가 되었다. 사실 이것은 새로운 발견이라기보다는 초대교회 모습의 재발견이었다. 초대교회는 가정 교회를 중심으로 다양한 형태로 존재했었다. 교회가 제도화되면서 교회의 틀 안에서 목회자가 있어야만 교회로 인식하게 되었고, 이것은 가정이나 소그룹을 하나의 교회로 인식하는 것을 가로막았다.

가정을 교회로 이해할 수 있는 것처럼, 소그룹도 그 자체가 하나의 교회다. 다양한 지역교회가 하나가 되어 보편적 교회를 말하는 것처럼, 하나의 지역교회 안에 있는 다양한 소그룹은 그 자체가 하나의 작은 교회며 그것들이 모여서 그 지역교회를 이룬다. 이런 관점에서, 성도의 교제가 곧 교회라는 것을 새롭게 이해할 수 있다. 성도의 교제는 곧 하나님 나라의 잔치를 경험하는 자리다. 많은 사람들이 계속 교회 공동체에 몸을 담는 것은 성도의 교제를 통해서 맛본 하나님 나라 잔치의 기쁨을 잊지 못하기 때문이다. 그 기쁨은 또 다른 기쁨을 재생산하고 싶다는 소망을 품게 한다. 건강하게 성장하는 공동체 안에는 다양한 소그룹이 활성화되어 있고, 프로그램으로 고착되어 있기보다 시대와 상황과 사람들에 따라 유동적으로 변화를 꾀한다.

(2) 타자와 이웃을 환대하는 공동체

하나님은 아브라함을 부르셔서 열방을 위한 축복의 통로로 삼으셨고, 이스라엘을 제사장 나라로 만드셔서 온 세상이 하나님을 예배하도록 초청하셨다. 이는 세상이 하나님께로 나아오게 하시려는 것이었다. 즉, 교회는 세상, 구체적으로는 타자와 이웃을 위해 존재한다.

예수님의 제자 공동체와 초대교회가 그랬듯이 하나님 나라를 진정으로 추구하는 공동체는 타자와 이웃을 환대한다. 그들을 위한 열린 공간이 항상 마련되어 있다. 자신이 살고 있는 지역이 하나님 나라로 변화해 가는 것을 소망하기 때문이다. 따라서 새롭게 찾아온 이를 환대하는 시간은 아주 중요한 시간이며, 교회 공동체는 그들을 최대한 배려해야 한다.

(3) 이웃과 함께 사는 공동체

예수님께 물을 떠 준 사마리아 여인을 기억하는가. 예수님을 통해 그 여인이 구원을 받은 것은 사실이지만, 그 여인 또한 예수님께 물을 제공했다. 그리고 예수님을 그리스도로 선포하기 위해 자신이 그토록 만나기를 꺼려했던 마을 사람들에게 자신의 어두운 과거를 스스럼없이 꺼내놓았다. 사마리아 사람들은 이 여인 때문에 예수님을 만날 수 있었다. 이 이야기는 우리가 이웃과 함께 살아가는 공동체임을 잘 보여 준다.

선교신학자 준더마이어Theo Sundermeier는 교회와 이웃의 공생 관계를 강조하기 위해서 '함께 더불어 사는 삶'이란 뜻을 가진 농촌 공동체 콘비벤츠Konvivenz를 통해 '서로 돕는 공동체', '서로 배우는 공동체', '잔치하는 공동체'라는 신학원리를 만들었다. 도움은 일방적이지 않으며, 서로가 서로에게 배우는 자가 되고, 마을의 잔치가 공동체적임을 말하는 것이다. 교회는 이웃을 위해 존재하는 동시에 이웃과 함께 하는 공동체다. 교회가 이웃에게 하나님 나라를 더욱 온전하게 증거하기 위해서는 이웃과 친밀하게 교제해야 한다. 교회는 공식적인 리더십을 통해서 이웃과 관계를 맺기도 하지만, 많은 경우에 교인들의 관계망을 통해서 이웃과 함께 살아간다. 이웃이나 지역이 갖는 문제에서 주인공이 되려는 욕심을 내려놓을 때, 교회는 이웃의 진정한 이웃으로 존재하게 된다.

5. 연약한 자들과 환경을 돌보는 공동체

성경은 도래할 하나님 나라를 새 하늘과 새 땅으로 표현하기도
한다. 인간중심적 구원의 사고에서, 우리는 하늘과 땅으로 대변
되는 창조세계를 인간의 활동무대 정도로 이해하는 경향이 강
했다. 그러나 하나님은 인간뿐만 아니라 창조세계도 새롭게 하
신다. 다시 말하면 하나님 나라는 창조세계를 위한 나라이기도
하다.

　하나님은 인간을 창조하실 때뿐 아니라 다른 피조물을 창조
하실 때도 기뻐하셨다. 이런 점에서 하나님을 찬양하는 것은 인
간만이 아니라는 것을 알 수 있다(시 19편). 인간과 창조세계가
공동 운명체라는 것은 아담이 타락했을 때 땅도 저주(창 3:17)
를 받은 것으로 알 수 있다. 마찬가지로 로마서 8장 19-22절을
보면, 인간의 구원과 피조물의 구원이 연결되어 있다. 인간의
탄식 소리에 반응하시는 하나님이 피조물의 탄식(22절)에도 반
응하셔서 새 하늘과 새 땅의 하나님 나라를 계획하신 것이다.

　하나님은 자신이 고아와 과부와 나그네를 돌본다고 누누
이 말씀하셨다. 이런 하나님의 사랑과 정의는 선지자들이 이스
라엘의 죄를 물을 때 중요한 기준이 되었다. 예수님은 어떠신

가? 그분은 광야에서 굶주린 오천 명을 먹이시고, 수많은 병자와 귀신들린 자를 고치셨다. 또한 건강한 자가 아니라 병든 자를 위해서, 의인이 아니라 죄인을 위해서 세상에 오심(마 9:12; 막 2:17; 눅 5:31)을 선포하셨다. 따라서 초대교회에게 병자와 가난한 자를 돌보는 일은 너무도 당연했다. 로마 시대에 감염병이 창궐했을 때, 그리스도인들은 죽음을 각오하고 도시에 남아 병자들을 돌보았다. 그래서 그들은 '파라볼라노이'παραβολάνοι, 즉 '위험을 감수하는 자'라는 별명을 얻게 되었다. 초기 한국교회 역사에서도 선교사들의 헌신은 한국교회의 성장에 큰 밑거름이 되었다. 돌봄은 교회의 DNA 속에 있다.

(1) 공동체 안의 연약한 지체를 돌보는 공동체

바울 서신에서 교회를 그리스도의 몸으로 비유한 것은 근본적으로 공동체 안에 있는 연약한 지체를 어떻게 다룰 것인가라는 질문에 대한 해결책이었다. 몸을 이루는 그 어떤 지체도 다른 지체보다 낫거나 못하지 않다.

그뿐 아니라 더 약하게 보이는 몸의 지체가 도리어 요긴하고 우리가 몸의 덜 귀히 여기는 그것들을 더욱 귀한 것들로 입혀 주며 우리의 아름답지 못한 지체는 더욱 아름다운 것을 얻느니라 그런즉 우리의 아름다운 지체는 그럴 필요가 없느니라 오직 하나님이 몸을 고르게 하여 부족한 지체에게 귀중함을 더하사 몸 가운데서 분쟁이 없고 오직 여러 지체가 서로 같이 돌보게 하셨느니라 만일 한 지체가 고통을 받으면 모든 지체가 함께 고통을 받고 한 지체가 영광을 얻으면 모든 지체가 함께 즐거워하느니라(고전 12:22-26)

부족한 지체에게 귀중함을 더하시는 것이 하나님의 뜻이고, 더불어 유기체로서 몸은 고통과 영광을 함께 겪는다는 것을 이야기하고 있다. 로마서 15장 1절은 보다 적극적으로 믿음이 강한 자가 연약한 자의 약점을 담당할 것을 말한다.

교회 공동체 안의 연약한 자를 돌보지 않으면서 이웃을 돌보는 것은 위선일 수 있다. 교회 안의 작은 자를 돌보는 훈련이 자연스럽게 교회의 문턱을 넘을 때 이웃을 돌보는 공동체로 성장할 수 있다. 공동체 안의 가난하고 소외된 사람들을 돌보면서 몸의 하나 됨을 경험한 교회는 장년부에 속하지 않는 부서, 곧 청년부를 포함한 유·초·중·고등부와 장애인이나 다문화 교인들을 위해서 상대적으로 많은 재정을 사용하는 것에 주저하지 않는다.

(2) 이웃과 지역사회를 돌보는 공동체

예수님의 논리를 따라가면 하나님 사랑과 이웃 사랑은 분리될 수 없다. 하나님을 사랑한다고 하면서 이웃을 돌보지 않는 것은 진정으로 하나님을 사랑하지 않는 것이나 다름없다. 바울은 로마서 12장 15절에서 "즐거워하는 자들과 함께 즐거워하고 우는 자들과 함께 울라"고 말씀한다. 실제로 초대교회는 무수한 박해와 핍박 속에서도 자신들을 박해한 사람들의 고난과 어려움을 외면하지 않았다.

교회 공동체 안의 연약한 지체를 돌보는 것이 자연스러운 교회는, 지역사회 안에서 어려움을 당하는 사람들을 돌보는 데도 자연스럽다. 어떤 목적을 이루기 위해서가 아니라 그들의 아픔에 하나님의 마음으로 반응하게 되는 것이다. 이런 교회 공동체에는 이웃을 돌보는 다양한 서비스가 있고, 환경의 변화에 따라 그 서비스들을 변화시키고 발전시킨다. 또한 이웃을 섬기기 위해서 지역의 다른 기관이나 단체와 협력하는 것에도 익숙하다.

(3) 생명을 살리고 환경을 돌보는 공동체

모든 생명은 하나님이 창조하셨다. 그것을 다스리고 돌보시는 분도 역시 하나님이시다. 세상을 창조하고 기뻐하신 하나님은 인간에게 청지기의 사명을 주셨지만, 인간은 생명의 주인 노릇을 하며 개인의 탐욕을 위해 다른 생명을 유린하기도 했다. 하나님이 창조하신 세계의 샬롬이 인간의 죄악으로 말미암아 깨어진 것이다. 앞에서 언급했듯이, 인간중심적인 구원 이해는 자연환경을 인간의 부속물이나 전리품으로 취급하게 만들었다. 하지만 성경은 하나님이 **세상**을 사랑하셔서 구원하기 위해 예수님을 이 땅에 보냈다고 분명하게 말한다(요 3:16-17). 또한 하나님은 예수님을 통해서 **세상**과의 화목을 원하셨다(고후 5:19). 이런 점에서 구원은 재창조다.

복음주의 진영에서는 복음 선포의 우선성을 강조하면서, 세계교회협의회로 대표되는 에큐메니컬 진영의 환경보존에 대한 강조를 전도와 선교의 후퇴로 보아 왔다. 하지만 코로나19 상황은 환경 재앙이 전도와 선교를 막을 수도 있음을 명백히 보여 주었다. 그동안 인간은 자신들의 탐욕을 위해 무분별하게 자연을 훼손했고, 이로 인해 서식지를 잃은 동물과 인간의 접촉이 다방면으로 늘어나면서 인수공통감염병이 증가되었다. 코로나19는 그것을 대표한다. 이뿐만 아니라 지구온난화에 따른 환경 위기는 수많은 나라의 생존을 위협하고 있다. 그리고 환경 재앙으로 인한 피해는 가난한 나라와 가난한 사람들에게 더욱 크다. 따라서 환경을 돌보는 노력은 우리 자신을 돌보는 것일 뿐만 아니라 가까운 곳의 가난한 이웃과 먼 곳의 생명까지 돌보는 것이다.

6. 복음 증거와 선교에 헌신된 공동체

초대교회는 당시 세상에서 "거류민과 나그네"(벧전 2:11)와 같은 존재였음에도 하나님의 백성으로서 자신들을 "어두운 데서 불러 내어 그의 기이한 빛에 들어가게 하신 이의 아름다운 덕을 선포"(벧전 2:9)하기 위해 살아갔다. 하나님의 백성이 존재하는 이유가 그것이기 때문이다. 예수님은 제자들이 땅 끝까지 나아가 복음의 증인이 될 것을 명령하셨다(마 28:19-20; 행 1:8).

사도행전에서 교회의 탄생은 복음 증거 및 선교와 밀접한 관련을 갖고 있다. 예수님이 자신의 말대로 살아가는 현존으로서의 선교를 하신 것처럼 초대교회도 그러했다. 복음을 선포하고 자신이 가진 것을 나누며 가난한 사람들과 함께했다.

(1) 하나님 나라의 복음과 선교를 위해 존재하는 공동체

하나님 나라의 복음과 선교를 위해 세상 가운데 존재하는 그리스도의 몸 된 공동체임에도 교회는 그동안 이 본질과 정체성에 대해 주의를 기울이지 않았다. 그러다 코로나19 시대를 맞게 되었다. 코로나19 시대는 왜 교회에 나와야 하는지, 왜 예배를 드려야 하는지와 같은 본질적인 질문을 불러들였다. 교회가 외면해 온 위기의 징후들을 극대화하고 가속화한 것이다. 하지만 어떤 의미에서 이것은 교회에게 분명한 기회이기도 하다. 이 질문들에 답을 찾는다면 이와 유사한 또 다른 위기 앞에서 당황하지 않을 것이기 때문이다. 교회가 그 본질과 정체성을 굳건히 붙든다면, 교회 안에서 이루어지는 모든 활동이 이 정체성을 세워 가는 과정이 될 뿐만 아니라 정체성은 리더십과 교육과 예배와 친교와 봉사를 새롭게 할 것이다.

(2) 이웃·타자에게 복음을 증거하는 법을 배우는 공동체

성육신에 대한 가르침은 수많은 선교적 상상력을 제공한다. 예수님은 특정한 시대와 장소에 오셔서 당시의 언어와 문화를 사용하여 복음을 증거하셨다. 갈릴리 사람과 예루살렘 사람, 부자와 가난한 자, 바리새인과 율법사, 세리와 죄인, 유대인과 사마리아인에게 복음을 전하실 때, 예수님은 상황과 맥락을 무시하지 않으셨다. 예수님은 제자들을 파송하실 때도 먼저 그들을 훈련하셨다. 이후 베드로는 성령의 역사를 통해 그가 고수하던 신념을 뛰어넘어 이방인 고넬료에게 복음을 전하게 되었다(행 10장). 이러한 관점에서 볼 때, 바울의 서신서들을 이방인에게 복음을 증거하고 변호하는 법을 가르치는 말씀으로 이해할 수 있다.

성령에 이끌리는 공동체는 시대와 환경에 따라 복음 증거의
방법을 변화시키거나 새롭게 창조할 줄 안다. 변화에 적극적으
로 대응하고 응답하는 공동체가 바로 하나님 나라를 지향하는
공동체다. 이런 공동체는 끊임없이 현장과 이웃 속으로 들어가
고자 하는 성육신적 선교를 지향한다.

(3) 하나님의 선교적 사건에 열린 공동체

많은 교회들이 코로나19가 목회 현장에 위기를 가져왔다고
말한다. 사람의 활동을 주목하면 어느 정도 일리가 있는 말이
다. 그러나 사역과 선교의 주인이신 삼위 하나님은 이 시대에도
선교를 하고 계셨다. 앞서 언급했듯이 코로나19로 교회의 예배
와 모임이 멈춘 것은 교회가 왜 모여야 하고 왜 예배해야 하는
지를 깊이 생각하는 시간을 가져다주었다. 이것은 어떤 의미에
서 선교적 사건이다. 또한 그동안 선택적으로 사용했던 미디어
를 필수적으로 사용하게 된 것도 4차 산업혁명 혹은 MZ세대
문화에 반응하는 토대를 마련했다는 점에서 선교적 사건이라
고 말할 수 있다.

성경을 보면 예수님이 승천하신 후에 제자들이 더욱 역동적
으로 변한 것을 알 수 있다. 성령의 인도하심 가운데, 예수님의

부재가 오히려 그들을 더욱 신실한 제자로 살게 만든 것이다. 또한 교회를 향한 박해는 복음이 더 넓게 나아가는 계기가 되었다. 로마의 감옥에 갇혀 있던 바울은 복음의 진보가 없을 것 같은 그 상황을 이렇게 고백한다.

형제들아 내가 당한 일이 도리어 복음 전파에 진전이 된 줄을 너희가 알기를 원하노라 이러므로 나의 매임이 그리스도 안에서 모든 시위대 안과 그 밖의 모든 사람에게 나타났으니 형제 중 다수가 나의 매임으로 말미암아 주 안에서 신뢰함으로 겁 없이 하나님의 말씀을 더욱 담대히 전하게 되었느니라(빌 1:12-14)

그래서 바울은 감옥에 갇혀 있는 중에도 "내게 능력 주시는 자 안에서 내가 모든 것을 할 수 있느니라"(빌 4:13)고 담대하게 말할 수 있었던 것이다.

초대교회의 성도들이 사자 밥이 되거나 화형을 당하는 순간은 하나님의 선교가 실패한 것처럼 보였다. 하지만 그들이 죽음의 순간에 보인 의연하고도 평안한 모습에 많은 사람들이 예수님을 믿게 되는 역사가 일어났다. 이런 일련의 사건들이 바로 선교적 사건이다. 이처럼 하나님의 선교에 참여하다 보면 계획하지 않은 일을 만나거나 계획한 것이 실패하는 상황 속에서도 하나님의 선교가 이어지는 것을 경험하게 된다.

하나님 나라를 지향하는 공동체는 자신들의 실패나 무지에 연연하지 않고 하나님의 인도하심에 순종하는 영성과 겸손을 가진다. 또한 하나님이 다른 교회나 단체를 통해서 일하실 때, 그 과정 속에 기꺼이 참여한다. 하나님 나라를 지향하는 공동체의 목표는 주인공이 되는 것이 아니라 하나님 나라가 증거되고 구현되는 것이기 때문이다.

함께 읽으면 좋은 책들

- 김세윤·김회권·정현구. 『하나님 나라 복음』. 새물결플러스, 2013.
- 이병옥 외 7인. 『선교적 교회의 오늘과 내일』. 예영커뮤니케이션, 2016.
- 한국선교신학회 편. 『선교적 교회론과 한국교회』. 대한기독교서회, 2015.
- 레슬리 뉴비긴. 홍병룡 옮김. 『다원주의 사회에서의 복음』. IVP, 2007.

3장

제도와 사회구성원으로서의 교회

성석환(장로회신학대학교 기독교와문화)

새로운 비전의 요청

○ ○ ○

교회가 직면한 코로나19 시대의 위기는 현장 예배로의 복귀만
으로는 극복하기 어려울 만큼 본질적인 도전을 가져왔다. 코로
나19 초기, 교회의 대응은 사회적으로 비판을 받기도 했다. 이
는 언론의 보도 탓도 없지 않으나 사회 변동에 대한 한국교회
의 능동적 대응 훈련이 부족했다는 자책도 하게 된다.

그런데 사실 한국 개신교의 사회적 신뢰도 하락은 30년여
동안 지속되어 온 것이다. 교회 리더십의 도덕적 실패나 권위적
소통 방식에 대한 비판에도 불구하고 적극적으로 변화하지 못

했으며, 다원화와 민주화의 발전 속도에 적응하지 못한 것이 그 이유다. 상황에 대한 신학적 해석력 부족, 다원성이 확장되는 중에도 신앙의 정체성을 고수하려는 한국교회의 전반적인 보수성이 적응력 부재를 가져왔다. 최근 한국사회는 공공성을 주요 아젠다로 인식하고 있으며 앞으로 더 강하게 요구할 것으로 예측된다. 이에 책임적으로 응답할 때만이 교회 개혁을 위한 내부의 과제도 해결할 수 있을 것이다.

팬데믹 기간 중 기독교사회문제연구원에서 발표한 '2021년 한국교회 사회인식 조사'에는 한국교회의 공공성 부족에 대한 문제의식이 드러난다.[1] 조사에 따르면, '사회는 교회에 대해 부정적인 이미지를 가지고 있다'라는 문항에 한국교회 교인 75%가 그렇다고 답했다. 이 같은 부정적 이미지를 개선하기 위해 필요한 것을 묻는 질문에는 '시대에 맞는 비전 제시'라는 응답이 30% 가까이 나왔다. 다른 조사들에서도 교인들은 교회가 시대에 뒤처져 있다고 느끼며 연령대가 낮을수록 더욱 그렇게 생각하고 있음이 확인된다. 이런 조사 결과로 인해 진정한 위기는 오히려 팬데믹 종료 후에 올 것이라는 우려가 커지고 있다.

신실한 그리스도인 되기와 친밀한 공동체로 모이는 일을 넘어 속한 사회의 민주적 발전과 시민사회의 성숙한 발전에 이바지하고, 사회제도의 일원으로서 그 공적 역할을 감당하는 새로운 교회의 비전이 필요한 때다.

사회 안에 존재하는 교회

○ ○ ○

종교개혁으로 탄생한 개신교회는 교회의 거룩성과 세속성을
함께 강조했다. 제네바에서 목회하며 종교개혁을 이끌었던 칼
뱅의 목회가 그 전형이다. 개신교회의 관점에서 보면, 복음을
전파하는 일과 정의, 평화, 생태 등의 공적 논의에 참여하여 더
좋은 세상을 만들기 위해 헌신하는 일은 분리될 수 없는 신앙
적 표현이었다.

역사적 위기의 순간에 교회의 공적인 실천을 주장한 사례는
많다. 그중에서도 나치 정권에 맞서 싸웠던 독일의 신학자 본회
퍼는 개신교회의 중대한 유산 중 하나다. 그는 교회를 공동체
로 보았는데, 그래서 주님이 그러하셨던 것처럼 "그리스도인들
도 홀로 수도원적인 은둔생활을 할 것이 아니라 원수들 가운데
살아야 한다. 그의 사명과 일은 바로 원수들 한가운데 있다"라
고 말했다. 교회는 세상 한가운데 공동체로 존재하고 그 공동체
의 사귐의 본질은 "심리적 현실이 아니라 영적 현실"이라고 진
단한 것이다.[2] 본회퍼는 그리스도인의 공동체가 자신들이 지향

하는 이상이 아닌 하나님이 주시는 소망을 품을 때만이 진정한 공동체가 될 수 있다고 강조하였다. 다시 말해 영적 공동체로서의 교회는 하나님이 그리스도를 통해 주시는 공동체의 소명에 헌신한다고 주장한 것이다.

교회는 사적인 모임으로 존재하는 것이 아니다. 하나님의 현실이며 동시에 사회의 현실로서 존재한다. 그러한 이중적 정체성의 신비한 결합은 교회가 개인들의 이익이나 공동의 관심사를 지향하는 것이 아니라 하나님의 은총을 전적으로 지향함으로써 가능하다.

윤리신학자였던 미국의 리처드 니버H. Richard Niebuhr도 교회와 그리스도인은 오직 하나님의 요청에만 책임적으로 응답해야 한다고 주장했다. 교회를 삼위일체 하나님의 뜻에 헌신하고 충성하기 위해 모인 공동체로 본다는 점에서 본회퍼의 입장과 유사한데, 이것은 교회가 스스로를 목적으로 삼아서는 안 된다는 경고이기도 하다. 그래서 교회가 지향해야 하는 하나님의 뜻은 사회적으로는 공적으로 표현될 수밖에 없다.

니버에게 하나님의 주권을 인정한다는 것은 하나님 외의 모든 것이 상대화된다는 것이다. 동시에 역사 속에서 절대화되는 것을 경계하며 오로지 하나님의 선한 뜻에 따라 책임적으로 살아가는 것을 의미한다. 교회는 "종교 단체라기보다는 그리스도를 중심에 둔 인간의 연대"다. 이에 동의하는 공동체와 그리스도인은 역사적이며 사회적인 현실 상황에서 하나님의 뜻을 충실히 묻고 가장 선한 방식으로 응답하고자 노력해야 한다. 니버에게 이것은 교회가 탈세속적이어야 한다는 것을 의미하지 않는다. 교회 자체가 하나님의 나라가 될 수 없으며, 교회란 세속 사회의 한 제도의 형태를 띠는 공동체임을 인정하는 것이다. 본회퍼가 교회를 심리적 공동체가 아니라 영적 공동체로 파악한 것처럼, 니버는 교회가 주님의 일과 교회의 일을 혼동하면 하나님 사랑과 이웃 사랑으로 요약되는 교회의 존재 목적을 상실한다고 본다.[3]

교회가 사회에서 제도적 현실로 존재한다고 보는 견해가 교회의 독특성을 약화시킨다고 생각하는 이들이 있을 수 있다. 종교개혁 초기부터 '만인사제론'을 주장한 개신교회는 그리스도인의 세속적 삶을 긍정하고 교회가 사회적인 실체로서 의미를 가져야 한다고 고백했다. 사회적 제도의 한 실체로 존재한다는 것은 교회가 정치, 경제, 문화 등의 사건과 연관을 맺고 있다는 것을 의미한다. 그래서 하나님을 사랑하고 이웃을 사랑하는 선교적 활동들이 이러한 사회적 영역에서 어떻게 실천되어야 하는지를 고민하도록 교회에 요청한다.

한편 이러한 신학적 주장이 근대에 와서 정립된 것은 아니다. 고대 교부들의 가르침 중에는 그리스도인이 공적인 책임을 감당해야 한다는 내용이 다수 있다. 예를 들면 카르타고의 주교였던 순교자 키프리아누스Thascius Caecilius Cyprianus는 성경 연구와 교회의 일치를 위해서 여러 저작을 남겼고, 또한 목회서신을 통해 교회 활동과 자선과 선행의 실천에 대해 강조하였다. 그는 "하나님의 것은 무엇이든 공동으로 사용해야 합니다"라고 가르쳤는데, 여기에는 비와 공기 같은 자연적 은총과 함께 수확물과 재화 등의 개인적 소유도 포함되었다.

박해기를 지나 기독교가 로마의 공인 종교가 된 이후에도 이러한 전통은 이어졌다. 니사의 그레고리우스, 나지안주스의 그레고리우스와 더불어 카파토키아 삼총사 중 하나로 일컫는 바실리우스Basilius는 다른 교부들에 비해 현저하게 사회적 활동에 헌신했다. 당시 로마는 세금으로 식민지를 착취했고 고리대금업이 성행하며 가난한 이들의 고통이 컸다. 바실리우스는 하나님 앞에서 모든 이의 평등, 모든 인격의 고귀함, 부의 축적을 제한하기 위한 재분배 정책의 필요성 등을 강조하며 설교를 통해 고리대금업을 비판했고, '바실리아드'라는 구빈기관을 만들기도 했다. 종교개혁은 이처럼 기독교회의 전통적인 공공성을 회복하고자 발생한 사건이었다고 말할 수 있다.

공론장의 교회

○ ○ ○

현대 사회에서는 교회도 사회의 한 제도로 존재하기에 다원적 시민사회의 공적 공론장에서 자신의 정체성을 설명하고, 다른 사회적 제도가 교회의 공적 역할을 인정할 수 있어야 한다. 곧 설득력을 획득해야 한다는 뜻이다. 시민사회의 공론장에 교회가 구성원으로서 참여하기를 원한다면, 자신들이 중요하게 여기는 가치를 공론장의 언어로 번역하여 다른 이들과 소통할 수 있어야 하며 다른 관점으로부터 제기되는 비판에도 열려 있어야 한다.[4]

이를 두고 교회의 선교적 동력을 약화시키고 세속적인 필요들과 타협하는 것이라는 비판이 있을 수 있다. 하지만 20세기 후반부터 종교의 역할을 다시 공론화하고 있는 서구 학계의 논의를 볼 때, 한 사회의 민주적인 성숙이 제대로 이루어지려면 종교의 도덕적 역할은 필수적이다. 근대적 문명이 고도로 발전하면 종교는 사라지고 말 것이라는 소위 '세속화 이론'은 벽에 부딪혔다. 후기 세속화 시대에는 오히려 종교가 국제분쟁의 원인을 제공하기도 하고, 또 민감한 정치사회적 의제들 간의 합의를 조정하여 갈등을 줄이는 역할을 맡기도 한다. 모든 이에게 좋은 결과를 도출하기 위해서는 종교와 같은 도덕적 토대를 제공하는 사회적 제도의 적극적 참여가 필수적이라고 보고 있다.

그런데 서구와 비교할 때 한국사회의 상황은 여러 면에서 다르다. 특히 사회적 공론장에서 교회를 하나의 제도로 받아들이는 합의가 제대로 자리를 잡지 못하고 있다. 서구에 비해서 우리의 시민사회가 자율성을 가지고 공론장에서 사회적 의제를 다룬 역사는 그리 길지 않다. 또한 종교개혁과 같은 사건을 직접 겪은 사회와 복음을 선교지로서 받아들인 사회의 관점은 사뭇 다를 수밖에 없을 것이다.

한국사회는 제국주의와 독재를 거쳐서 민주화에 이르기까지 내면화된 여러 세력들 간의 갈등이 크다. 평등에 대한 생각도 개인의 인권을 중심으로 하는 서구와 달리 매우 집단적으로 작용하는 경우가 많다. 이런 배경을 무시한 채 교회가 사회적인 역할을 해야 한다거나 공공성을 회복해야 한다는 등의 주장만 하게 되면 더 깊은 상처와 갈등을 낳는 악순환이 지속될 가능성이 크다. 오히려 이러한 맥락 속에서 한국사회가 발전해 가는 방향을 잘 분석하고 예측해서, 그 방향에 따라 교회가 더 나은 사회를 만들기 위해 이바지해야 할 일이 무엇인지를 고민하고 동참하는 것이 필요하다. 교회가 가진 독특한 도덕적 지도력을 발휘해야 한다는 것이다.

그러자면 교회는 사회적 제도에게 요구되는 조건들을 파악하고, 그에 맞는 방식으로 교회의 언어를 전달할 수 있어야 한다. 더 많은 이들이 구원에 이르게 하는 일도 여전히 중요하고 교회가 반드시 감당해야 하는 일이다. 그러나 그와 동시에 한국 사회가 안고 있는 갈등과 대결의 공론장에서 하나님 나라의 비전을 정책으로 실현하려는 노력은 더 큰 의미에서 복음 전파에 이바지하는 것이기도 하다.

사회적 의제들과 교회

o o o

그러기 위해 우선 필요한 것은 과거 한국교회가 한국사회의 발전과 민주화 과정에 어떻게 참여해 왔는지 살피고, 잘못한 것에 대해서는 반성하는 일이다. 현재 한국교회가 사회적 신뢰를 받지 못하는 가장 근원적인 원인은 교회가 사회에 큰 도움이 되지 못한다는 인식이라고 본다.

코로나19 상황을 통해 또 한 번 경험했듯이, 한국교회는 국가와 교회의 관계를 재설정해야 할 과제를 안고 있다. 과거 민주화 과정에서 헌신적이었던 교회와 기독교 인사도 있었지만, 많은 교회들이 정의를 선언하는 예언자적 선포보다는 부흥과 성장을 외치면서 결과적으로 불의한 정권을 묵인했다. 교회는 이것을 반성하고, 앞으로 국가와의 관계를 어떻게 설정해야 하는지 고민해야 한다.

"가이사의 것은 가이사에게, 하나님의 것은 하나님께"(마 22:21), "권세는 하나님으로부터 나지 않음이 없나니"(롬 13:1) 등의 성경 구절은 교회와 그리스도인이 정치와 무관하지 않으며 신앙적 관점에서 정치를 판단해야 한다는 교훈을 준다. 또한 성경에는 애굽에서 나온 후 광야에서 형성된 공동체(출 18장)와 부활 사건 이후에 형성된 초대교회(행 2, 4장)에 등장하는 신앙 공동체의 대안 경제적 면모가 등장하는데, 이를 통해 우리는 성경적 경제체제(마 25장 달란트 비유)의 원리를 엿볼 수 있다. 바로 모든 것이 하나님으로부터 온 것이며 우리는 그저 잠시 맡고 있다는 청지기로서의 정체성이다. 재산으로 발전시킬 수 없는 만나를 식량으로 주신 하나님의 의도와, 먹을 것 입을 것을 걱정하지 말고 먼저 하나님의 의를 구하라(마 6:33)고 하신 주님의 말씀은 소유에 대한 하나님의 주권을 인정하라는 의미다. 그것이 실현된 공동체가 바로 초대교회였다. 모두가 필요에 따라 나누어 사용했다는 것이 성경의 증언인데, 자본주의 체제에서 어떻게 그 원리를 실천할 수 있을지 고민하지 않고서는 사회적 실체로서의 제도적 교회가 공론장에서 도덕적 지도력을 발휘할 수는 없을 것이다.

교회는 경제적 삶으로부터 벗어날 수 없다. 그래서 신앙 공동체는 신앙적 원리를 경제적 삶에 적용해야 한다. 한국의 경제 부흥기에 개발과 성장을 중시하는 정책들이 한국경제를 주도하면서 성과뿐만 아니라 부작용도 많이 발생했다. 한국교회도 마찬가지다. 경제가 급성장한 시기에 크게 성장하며 대형교회가 한국교회의 대표적인 형태로 부흥했고, 내부에는 물신주의, 소비주의, 성장제일주의 등의 부작용이 발생했다. 교회는 한국사회의 경제적 불평등과 빈부격차 문제들에 대해 성경적인 대안을 제시하고 성도들에게 성경의 가르침에 따른 경제생활을 분명히 교육할 뿐만 아니라 모범을 보여야 한다.

정치나 경제 영역에 비해서 한국사회의 문화 영역은 갈등적 요소가 많지 않지만, 이념적으로 편을 갈라 대립한 경험이 없지는 않다. 문화를 정치적 선전도구로 활용했던 독재정권이 물러가고 민주화가 이루어지면서, 대중문화가 크게 확장되었다. 대중문화의 붐은 과거처럼 낭만이나 오락에 그치지 않고 돈벌이의 수단이 되었다. 기업들이 문화상품을 팔고 대중문화의 스타와 기획사들이 등장하면서 정치적 담론이 주도했던 한국사회에 문화적 다양성이 확대되었다. 그리고 여러 주체가 자신들의 주장과 관점을 대중문화를 통해 말하기 시작했다. 정치와 경제의 경직성을 문화가 유연하게 만든 측면이 없지 않다.

하지만 한국교회는 문화 영역에서도 공론장에 참여할 기회를 얻지 못했다. 보수적인 태도를 강하게 유지했기 때문이다. 예를 들어, 문화를 상품화하는 자본주의적 방식에 문제제기를 하거나 대중문화의 다양성이 한국사회의 다양성에 도움이 된다는 식의 긍정적인 평가를 내놓기보다는 대중문화의 형식이 가진 폭력적 측면이나 성적인 표현을 문제 삼아서 부정적인 측면만을 부각시켰던 것이다. 교회가 사회적 제도의 한 실체로 존재한다는 현실을 제대로 의식하지 못한 탓으로 분석된다.

심판자, 감시자의 역할만으로는 변화하는 문화적 공론장에 참여하기 어렵다. 문화 영역의 시민사회와 소위 '문화전쟁'을 벌이면서 외쳤던 구호, "마침내 사탄은 대중문화를 선택했다!"는 당시 한국교회의 문화적 보수성을 그대로 보여 준다. 만약 이때 교회가 문화 영역에서 긍정적이고 생산적인 역할을 감당하려고 했더라면, 정치나 경제 영역에서 제대로 감당하지 못한 공적 역할을 수행할 가능성을 발견했을지 모르겠다.

"너희는 이 세대를 본받지 말고 오직 마음을 새롭게 함으로 변화를 받아 하나님의 선하시고 기뻐하시고 온전하신 뜻이 무엇인지 분별하도록 하라"(롬 12:2)는 문화 영역에서 교회가 취해야 할 태도에 대한 말씀으로 회자되었다. 보수적인 입장에서는 "본받지 말라"라는 구절에 방점을, 보다 전향적인 입장에서는 "분별하도록 하라"에 방점을 찍으면서 문화에 대한 태도는 나뉘었다. 그리스도인의 공동체는 세상에 있지만 세상에 속하지 않은 신앙 공동체(요 17:16)로서 이중적 정체성을 가진다. 따라서 잘못된 문화적 흐름에 저항하는 동시에 하나님의 뜻을 분별하는 적극적인 태도가 필요하다. 우선 세상 가운데 존재하기 때문에 교회의 문화적 자원들은 세상을 위한 공공재임을 고백하는 것이 선교적 태도다. 그렇기 때문에 문화로부터 아예 멀어져서는 문화를 통해 일하시는 하나님의 경륜을 온전히 드러내기 어렵다.

복음을 전하고 표현하는 교회는 언제나 문화의 옷을 입고 있다. 대부분의 교회는 "너희는 가서 모든 민족을 제자로 삼아 아버지와 아들과 성령의 이름으로 세례를 베풀고 내가 너희에게 분부한 모든 것을 가르쳐 지키게 하라"(마 28:19-20a)를 지상명령으로 고백한다. 그런데 삼위일체 하나님은 사람에게 "생육하고 번성하여 땅에 충만하라, 땅을 정복하라, 바다의 물고기와 하늘의 새와 땅에 움직이는 모든 생물을 다스리라"(창 1:28) 하시며 이른바 '문화명령'도 주셨다. 우리를 보내신 문화 속에서 하나님의 뜻에 따라 살아가고 또 그 문화를 변화시켜야 할 책임이 우리에게 있는 것이다.

리차드 니버는 『그리스도와 문화』*Christ and Culture*에서 그리스도인과 문화의 관계를 크게 다섯 유형으로 나누었다. 문화를 적대적으로 대하는 유형과 문화를 변혁적으로 대하는 유형, 그리고 그 사이에 문화와 동일시하는 유형, 문화 위에 군림하는 유형, 문화와 독립적으로 존재하는 유형이 있다. 문화로부터 벗어나 살아가는 것이 거룩한 삶이라는 오해를 불러일으키는 '적대적 유형'은 복음이 박해를 받는 상황에서는 절실히 필요한 태도일 수 있다. 그러나 현대 사회처럼 시민사회가 확장된 민주적 체제에서는 교회가 취할 적절한 태도로 보기 어렵다.[5] 사회적 제도로서의 교회의 역할을 고려할 때 더욱 그러하다. 교회의 문화적 소명은 권력과 자본에 의해 왜곡된 문화를 변혁하고, 시민사회에 참여하여 모든 이들에게 선한 영향력을 끼치는 문화를 생산하는 것이다.

연구조사의 방향으로서의 '공공성'

∘ ∘ ∘

따라서 '교회의 건강성 측정을 위한 조사'에서 '제도적 교회'의 건강성은 공론장에서 공적인 역할을 감당하기 위해 교회가 가져야 할 공적 태도 및 실천 방향에 대한 응답을 분석하여 측정하고자 한다. 여기에 절대적인 기준이나 합의된 표준이 있는 것은 아니다. 연구조사의 주체마다 장소와 시간에 따라 다른 평가의 기준이 제시될 수 있다. 또 근본적으로, '교회의 건강성을 지표로 측정한다는 것이 가능한가?'라는 의문도 없지 않다. 이에 대해서는, 한 사회의 구성원이자 제도로서의 교회라는 관점으로 그 건강성을 공공성에 비추어 평가하고자 한다. 교회가 시민사회에 참여할 준비가 되어 있는지, 공공 영역에서 공적 역할을 감당할 준비가 되어 있는지를 신학적으로 평가하고자 하는 것이라고 이야기할 수 있겠다. 그래서 이 조사는 엄밀한 학문적 분석과 측정에 방점을 두기보다는 교회의 제도적 특성을 이해하고, 앞으로 한국사회에서 공적 역할을 감당해야 한다는 신학적 관점을 전제한다.

사실 **공공성**은 성경에서 유래된 개념이 아니라 근대사회에서 형성된 개념이다. 따라서 이것을 사용하여 교회를 평가하는 것이 정당한지 물을 수 있다. 본 연구는 제도적 차원의 교회의 공공성만이 아니라 개인적 차원과 공동체적 차원의 다각적인 조사가 이루어지는 만큼, 각 영역의 조사가 모여 교회의 입체적인 건강성을 평가하는 모델을 제시할 수 있을 것으로 본다. 그래서 '제도와 사회구성원으로서의 교회'를 평가할 때는 시민사회의 공론장에서 요청하는 근대적 개념들을 활용하여 각 항목에 적용한다. 이는 교회가 단지 사적 모임이 아니라 한 사회의 공동체적 구성원으로서 '공동의 선'에 이바지해야 할 중요한 공적 자원이라는 점을 전제한다. 특히 종교성을 띤 교회는 이러한 공적 역할을 선교적 사명으로 고백하고 있다. 그렇기에 근대적 개념인 공공성으로 교회를 평가하는 것은 오늘의 시민사회 공론장과 다원적 공공 영역에서 하나님의 선교에 참여하며 '하나님 나라'를 증언하기 위한 구비조건이 된다(막 1:15). 이러한 주장은 앞서 언급한 것처럼, 종교개혁과 개혁교회의 전통에 부합하며 공공신학적으로 매우 정당한 것이다.

건강하고 신실한 제도와 사회구성원으로서의 교회를 위한 지표 항목과 의미

○ ○ ○

본 '교회의 건강성 측정을 위한 조사' 중 '제도와 사회구성원으로서의 교회' 부분은 다섯 항의 중위 항목과 열다섯 항의 하위 항목으로 구분하였다. '교회 내부의 의사결정 구조', '지역사회와의 관계성', '교회의 자원개방과 공유', '교회의 사회참여', '공동의 선에 대한 인식' 등으로 구분된 중위 항목을 세 항목씩 세분한 후 각각의 의미를 설명하여 이후 조사결과에 대한 평가와 분석의 근거를 제시하였다.

• 제도와 사회구성원으로서의 교회 건강성 지표 구성 항목 •

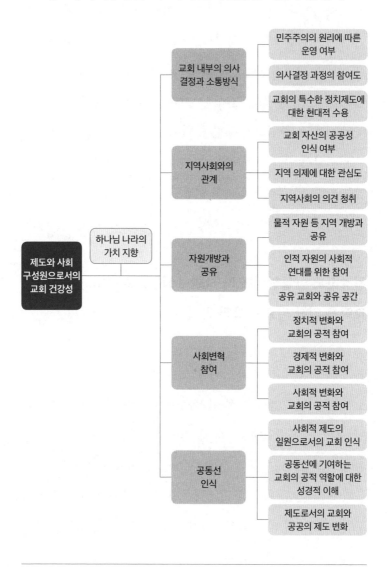

하나님은 하나님 자신의 선교를 위해 백성을 훈련하신다. 아브라함과 모세를 훈련시키셨으며, 선지자들과 왕들을 때로는 고난을 통해 훈련하셨다. 예수님도 공생애 동안 제자들을 훈련 시키셨다. 하나님의 선교가 지향하는 새로운 현실을 미리 경험 하게 하셨고, 다가올 하나님 나라를 맛보게 하셨다. 이 같은 점 에서 본 항목들을 교회가 감당해야 할 훈련의 항목으로 이해할 수 있겠다.

실제적인 설문 항목으로 구성되기 위해서는 더욱 깊은 고민 과 심도 있는 토론이 필요하고, 설문의 객관성을 담보하기 위해 유효한 질문을 작성해야 한다. 그런데 본 조사는 종교사회학이 나 종교학적 조사가 아니라 '신학적' 조사라는 의미에서 각 항 목의 취지를 신학적으로 정리하는 것이 매우 중요하다.

1. 하나님 나라의 가치를 지향하는 교회 내부의 의사결정과 소통 방식 평가

본 설문 '교회의 건강성 측정을 위한 조사'에서 '제도와 사 회구성원으로서의 교회' 차원에서는 교회가 민주주의 사회가 요구하는 공공성을 수용하고 교회의 제도적 운영에 그 원리를 반영하고 있는지 평가한다. 교회의 직제와 사역은 성경적 가치 와 질서에 따라 독특하게 구성된다. 그런데 이 고유한 질서가 민주적 원리를 수용해야 할까? 이미 반복해서 강조했듯이, 현대 사회에서 하나의 제도로 존재할 수밖에 없는 교회가 공론장에 참여하기 위해서는 민주적 원리를 반드시 수용해야 한다. 또한 이것은 종교개혁 정신에도 부합한다. 물론 초기에 교회가 발전시켰던 '대의민주주의'와 최근 사회적으로 요청되는 '참여민주주의'의 제도적 차이점에 대해서도 민감하게 살펴야 한다. 교회의 고유한 의사소통 질서의 장점을 유지하면서 시대적 요청에도 응답해야 하는 쉽지 않은 과제가 우리 앞에 놓여 있는 것이다.

(1) 민주주의의 원리에 따른 운영 여부(정관, 투명 재정 등)

한국은 험난한 민주화의 여정을 거쳤고, 지금은 '공정'의 요구가 온 사회에 넘친다. 모든 권력은 국민에게서 나온다는 '주권재민'의 민주공화적 원리를 시민들이 주체적으로 내면화하기 시작했으며, 특히 불평등과 불공정에 대한 시민적 저항은 전에 없이 고조되고 있다. 이런 상황에서 모든 사회적 제도의 운영은 더욱 민주주의 원리를 따라야 한다는 사회적 합의가 강력히 제기될 것이다. 각 교회가 취하고 있는 운영 방식이 교회의 특수한 사정을 고려하면서도 민주주의적인 원리를 수용하고 있는지를 평가함으로써 내부적 공공성을 엿볼 수 있다.

(2) 의사결정 과정의 참여도(세대별, 성별)

한국사회의 세대별 갈등은 87년 민주화 이후 90년대 '문화전쟁'을 거치면서 첨예화되었다. 변화에 적응하는 속도의 차이와 변화를 바라보는 관점의 차이가 한국사회의 공론장에서는 과도하게 정치적 의제로 활용되곤 한다. 최근에는 성별 갈등까지 더해졌다. 그러나 민주사회의 공론장에서 이런 갈등은 자연스러운 것이다. 다만 그 갈등을 조정하고 타협을 이끌 공론장의 지도력이 부재하다는 것이 사회적 어려움이다.

교회 안에는 다양한 연령대가 공존하며, 서로 다른 의견을 가질 수 있다. 또 성별에 따른 관점 차이도 존재한다. 앞으로 교회는 제도적으로 사회에 참여하는 방안을 고민하기 전에, 먼저 내부의 다양한 의견을 수렴하고 운영에 반영하는 방안을 모색해야 할 것이다. 모든 구성원이 자유롭게 의견을 개진할 수 있을 때, 그 조직의 공공성이 높다는 것이 오늘 시민사회의 공론장이 도출한 합의다.

(3) 교회의 특수한 정치제도에 대한 현대적 수용

신앙 공동체는 다른 사회적 제도들과 동일한 방식으로 운영될 수 없는 특수성이 있다. 이것은 마치 비영리단체나 시민단체가 이윤을 추구하는 기업과 동일한 기준으로 평가될 수 없는 것과 같다. 또한 교회는 성경이 제시하는 원리를 우선시해야 하는 신앙고백적 공동체라는 점에서 다른 제도와는 구별되는 독특성이 있다. 예를 들어 교회의 지도력을 회사나 시민사회처럼 참여적 민주주의 원리에만 의존하기는 어렵다. 그래서 구성원들이 인정한 권위는 고유한 질서의 원리에 따라 보호되어야 한다. 즉, 각 교파와 교단마다 유지하고 있는 지도체제를 세속적 기준으로만 평가하는 것은 정당하지 않다. 따라서 교인들이 각 교회의 지도체제의 권위를 지지하고 성경적으로 그 특수성을 이해하고 있는지 측정함으로써, 민주주의 원리에 입각한 공공성과 성경적 원리의 조화를 내부 의사소통 방식에 적절히 적용하고 있는지 평가할 수 있을 것이다.

2. 하나님 나라의 가치를 지향하는 지역사회와의 소통 평가

교회의 내적 공공성은 외적 소통의 방식과 연관된다. 일부 교회들이 소위 '마을목회' 혹은 '지역선교'를 통해 지역사회와 소통하고자 교회를 개방하고 카페나 도서관, 복지관 등의 공공 활동에 참여해 왔다. 교회의 이미지를 개선하고 지역사회와 소통한다는 의미에서 긍정적인 효과가 있었다. 하지만 교회가 사회의 한 제도적 공공재라는 인식 없이 지역사회를 선교적 대상으로만 여기는 경우에 부작용이 나타나기도 한다. 교회가 지역사회에 파송되었다는 선교사적 고백이 있다면, 지역사회의 다양한 공공 영역과 소통하고 주민들의 공동체적 삶의 향상을 위해 지역의 주체들과 협력해야 한다.[6] 즉, 교회가 지역의 일원이라는 정체성을 공유해야 한다는 뜻이다. 이 모든 것은 하나님 나라의 가치를 지향하는 공동체를 세속적 사회에서 실현해 나가기 위함이며, 개신교회의 번영주의와 성장주의, 개교회주의로 인해 약화된 종교개혁 전통을 회복하고 교회의 지역봉사 및 디아코니아 전통을 회복하는 것이기도 하다.

(1) 교회 자산의 공공성 인식 여부

제도와 사회구성원으로서의 교회는 불가피하게 자산을 소유하게 된다. 교회의 부동산, 건물, 현금 등은 모두 선교적 목적에 부합하게 사용하도록 되어 있다. 여기서 '선교적 목적'을 고려한다는 것은, 교회의 재산이 교회 구성원 모두의 공적 자산이며, 동시에 교회가 속한 사회를 위한 공유재의 성격을 가진다는 점을 고백하는 것이다. 따라서 납세의 의무를 다해야 하고 실정법에 따라 자산을 운용할 의무가 있다. 교회의 자산은 투명하게 관리되고 공적으로 운영되어야 하는데, 이를 점검함으로써 구성원들이 교회의 자산을 지역사회의 공적 자산으로 인식하는지 평가할 수 있다.

(2) 지역 의제에 대한 관심도

지역사회에서 교회는 지역의 일원으로서 여러 공적인 제도와 유사한 성격으로 존재한다. 따라서 주민을 교인으로 만들려는 욕망에 앞서 교인이 먼저 주민 공동체의 일원으로 성실히 살아가는 것이 간접적으로 선교적 태도를 함양하는 것이다. 예를 들어 교회는 교인들이 지역사회의 모임에 참여할 수 있도록 권하고, 지역사회의 네트워크와 협력하여 지역 문제를 해결하기 위한 논의에 참여할 필요가 있다. 본 조사에서는 이러한 선교적 관심도를 구체적으로 몇 가지 질문을 통해 확인할 수 있다. 교인들의 신앙활동이 지역 문제에 대한 관심을 반영하고 있는지, 목양 프로그램이 지역사회의 과제들을 반영하는지, 지역사회의 공동체적 삶을 위해 감당해야 할 공적 활동을 교회가 적절히 인식하고 있는지를 평가한다. 또한 공적 예배의 중보기도에 지역을 위한 것이 어느 정도 반영되고 있는지도 평가할 수 있다.

(3) 지역사회의 의견 청취(필요 파악)

마을목회를 하려는 교회들이 카페나 도서관을 교회 건물 내에 두는 경우가 많다. 그런데 이 경우에 지역 주민들의 사용 빈도는 대부분 매우 낮다. 교회를 새롭게 건축하거나 리모델링을 추진할 때도 지역사회를 배려하는 공간을 염두에 두지만, 정작 지역사회의 의견을 반영하는 과정을 거치지 않을 때가 많다. 초기 단계부터 지역사회의 필요를 들어야 주민들이 교회의 공간을 자신들의 것으로 받아들일 수 있고, 교회의 공공성을 실질적으로 느낄 수 있다. 그런 점에서 지역의 다양한 주체들과 접촉하며 네트워크를 형성하고, 지역을 위한 선교활동을 실행하기 전에 지역의 필요를 파악하는 것이 중요하다. 이 자체가 지역의 공론장에 참여하는 행위가 된다.

3. 하나님 나라의 가치를 지향하는 교회 자원의 개방과 공유 평가

종교사회학은 종교를 문화적 자원으로 보거나 사회통합에 기여하는 제도로 분석한다. 최근에 로버트 푸트남Robert Putnum과 로버트 우쓰나우Robert Wuthnow 등은 교회가 한 사회의 공동체성을 유지하게 하는 중요한 자원이라고 말한다. 특히 푸트남은 '사회적 자본'이 공동체 형성에 중요하다고 보고, 제도로서의 교회가 그러한 자본을 가장 풍요롭게 보유하고 있는 공동체라고 평가한다.[7] 이러한 평가를 놓고 볼 때, 한국교회가 사회적 신뢰를 상실하고 공공성이 낮다는 평가를 받고 있는 원인 중 하나는 교회 자원을 공적으로 개방하고 공유하지 못하는 것이 아닐까 추측한다. 신학자들은 초대교회가 서로의 소유를 공유했다는 증언에 주목한다(행 2, 4장). 오늘날 교회가 이 정신을 계승하여 사회적으로 요구되는 공유의 시대정신에 응답할 수 있을 것이다.

(1) 물적 자원(주차장, 화장실, 모임 공간) 등의 지역적 개방과 공유

제도와 사회구성원으로서의 교회는 사회의 중요한 공적 공간이자 공공재라고 할 수 있다. 그러나 가톨릭 성당이나 불교의 사찰에 비해 교회 건물은 출입이 엄격히 통제되고 제한된다. 지역사회에 주차장, 화장실을 개방하지 못하는 것은 관리의 책임 문제 및 교인 중심의 운영원칙 때문일 것이다. 물론 개신교회의 다양한 공간 형태와 용이한 접근성을 고려할 때 다른 종교의 건물보다 관리가 어려울 수 있다. 그러나 이러한 불편을 감수할 수 있어야 한다. 아파트가 민영과 관영에 따라 공간적으로 분리되고, 장애시설이나 특정 계층을 위한 시설을 거부하는 님비현상이 보편적으로 일어나는 상황에서, 교회가 개방적 공공성을 확대하면 사회로부터 큰 신뢰를 얻을 수 있을 것이다.

(2) 인적 자원(자원봉사 등)의 사회적 연대를 위한 참여

교회에는 물적 자원만이 아니라 인적 자원 역시 풍부하다. 동원력과 자발성 또한 높다. 그럼에도 한국교회의 공공성이 낮다고 평가되는 것은, 그 자원이 지나치게 교회 중심적으로 활용되고 있기 때문일 것이다. 우리나라는 다른 선진국에 비해 자원봉사 지수가 낮고 기부 문화도 활성화되지 않았다. 교인들이 교회 조직에서 봉사하는 것은 가치 있게 여기면서, 지역사회의 단체와 협력하여 자원봉사를 하거나 네트워크를 형성하는 것은 신앙적으로 중요하게 여기지 않는다. 지역사회의 풀뿌리 시민단체나 주민자치센터의 지역봉사 프로그램 등과 연계하여 교인들의 참여를 유도한다면, 오히려 교회 자체만의 재정과 인적 자원으로 감당할 때보다 더 효과적인 지역선교를 수행할 수 있게 될 것이다. 교회의 인적 자원 역시 사회의 공공재로 인식할 수 있어야 한다. 상대에게 시혜를 베풀거나 공급자 중심의 사회봉사를 넘어 사회의 한 제도로서 감당해야 하는 공적 역할에 교인들의 참여와 연대가 필요하다.

(3) 공유 교회와 공유 공간

팬데믹 기간 동안 특히 규모가 작은 교회들은 심각한 어려움에 직면했다. 그래서 작은 교회를 돕기 위한 헌금이나 공간을 지원하는 사례가 있었다. 이는 한국사회에서 공론화되고 있는 공유 공간의 흐름과도 상통했다. 공간을 공유하여 유지관리 비용을 절감하는 공간 공유 사업이 당장 독자적인 공간을 마련하기 어려운 이들에게 도움이 되었던 것이다. 교회들도 공간유지 비용이 가장 부담스럽기 마련인데, 일부 교회들이 자신들의 공간을 다른 교회와 공유하는 일들이 있었다. 이처럼 교인들이 교회의 공간을 독점하지 않고 공유와 섬김에 방점을 둔다면 교회의 공간을 사정이 어려운 교회와 공유할 수 있다. 또한 도심지 교회의 경우에는 시민사회에 서비스를 제공하기 위한 공적 공간으로서 예배당 건물을 공유할 방안을 모색할 수 있어야 한다. 교회와 교인이 이러한 사회적 요청에 어떻게 응답하는지에 따라 제도적 교회의 공공성을 평가할 수 있다.

4. 하나님 나라의 가치를 지향하는 교회의 사회변혁적 참여 평가

제도와 사회구성원으로서의 교회는 사회의 한 구성원으로서 시민사회의 여론과 가치 형성에 영향을 끼치고 또 영향을 받기도 한다. 때로는 사회의 질서를 유지하고 전통적 가치를 보전하는 역할을 통해 구성원들이 공유하고 합의한 토대를 생산하고 유통하는가 하면, 때로는 사회적 모순과 부조리를 앞장서 혁파하며 새로운 질서에 정당성을 부여하는 역할을 하기도 한다. 제도와 사회구성원으로서의 교회는 특정 종파의 입장을 대변하기보다는 공론장에서 소외된 이들의 편에 서서 개혁과 변화의 방향성을 제시하고, 동시에 과격한 변화 때문에 합의와 조정이 필요할 때 조정자의 공적 역할을 감당해야 한다. 그러나 한국 개신교는 사회변화의 동력을 제공하거나 방향을 제시하는 역할보다는 변화에 휩쓸리거나 아니면 변화를 부정하고 배격하는 입장에 섰다. 특히 정치권력과 경제적 시류에 편승하여 세속적 가치를 교회의 성장 논리에 적용하면서, 사회변화의 방향성을 제시해야 하는 공적 책임을 다하지 못했다는 평가를 받는다.

종교개혁 이후 개혁교회는 어디서나 사회의 모순과 잘못된 역사를 바로잡는 역할을 해 왔다. 한국교회도 이 같은 역할을 감당해야 하는 책임이 있으며, 우리 사회의 공공성을 저해하고 공동체를 파괴하는 정치, 경제, 사회적 모순들에 대해 하나님 나라의 비전으로 대안을 제시해야 하는 사명이 있다.

(1) 정치적 변화와 교회의 공적 참여(기독교국가의 정당성 및 정치적 공론장 참여, 정부 정책에 대한 태도)

한국교회의 정치참여 행태에 대해 한국사회의 평가는 매우 부정적이다. 극우적 편향에 대한 비판도 있지만, 특정 집단과 동일시하면서 정치적 권력 획득을 통해 영향력을 확대하려는 욕망에 대한 비판도 있다. 전통적으로 교회에는 지도자의 권세가 하나님으로부터 온 것이라는 이해가 있어서(롬 13:1-2) 잘못된 권력과 정부를 공적으로 비판하고 견제하는 것을 주저하거나 교회의 역할이 아니라고 생각하는 경향이 있었다. 시민사회는 교회가 정치 활동에 관여하거나 정당을 통해 권력 획득에 참여하는 것에 대해 부정적이다. '교회의 건강성 측정을 위한 조사'에서 이것에 대한 교회 구성원들의 의견을 물어서 정치적 공론장에서 교회의 공공성 실천 가능성을 평가할 수 있겠다.

(2) 경제적 변화와 교회의 공적 참여(시장주의와 사회적 경제에 대한 태도, 경제민주화 및 부의 불평등-능력주의에 대한 태도)

오늘날 전 지구적으로 공공성이 문제가 된 데에는 신자유주의가 있다. 승자 독식을 공공연히 부추기고 부의 불평등을 마치 당연한 것처럼 만들면서 사회의 공공성을 현저히 약화시킨 것이다. 전 세계에서 빈부격차가 전에 없이 벌어지고 신분상승의 기회가 사라지며, 실업자들이 늘고 있다. 소비주의가 생산과 제조를 압도하면서 노동 가치는 하락하고, 자본가들의 금융자산은 막대하게 늘어간다.

한국사회의 경제적 공론장에서도 시장주의와 반시장주의 논쟁은 첨예하다. 인간과 공동체를 중심에 놓는다는 명분으로 사회적 경제가 대안으로 제시되는데, 사회적 기업, 협동조합, 지역화폐, 마을기업 등이 그것이다. 교회도 경제 시스템으로부터 자유로울 수 없다. 희년과 안식년 제도 등을 통해 성경적 경제체제의 비전과 원리를 알고는 있지만, 현실적으로 교인들은 자본주의 경쟁 논리에 따라 살아갈 수밖에 없고 교회 또한 기업적 운영방식을 따르고 있다는 것을 부인하기 어렵다. 공정한 배분, 공평한 기회보다는 능력(학벌, 실력, 인맥)에 따라 경제적 부를 누리는 것이 정당하다고 보는 경향이 교회에도 팽배하다. 대형교회, 유명한 교회, 부자와 유력인사가 많이 출석하는 교회가 경제적 부를 통해 더 많은 선교와 사역을 할 수 있다고 생각하는 것이 정당화되는 현실이다. 제도로서의 교회의 공공성과 관련하여, 시장주의 정책과 사회적 경제에 대한 참여 및 동의 여부를 물음으로써 교회의 공공성을 가늠할 수 있을 것이다.

(3) 사회적 변화와 교회의 공적 참여(디지털 변화에 대한 수용도-온라인 공동체 와 예배, 도덕적 지도력의 획득 방식, 기후, 인권과 혐오에 대한 보수적, 방어적 태도)

한국사회는 디지털 전환에 본격적으로 직면하게 될 것이다. 그동안 대중문화나 문화적 변화에 보수적으로 대응해 온 교회가 이 변화에 뒤쳐질 경우, 사회적 고립은 더욱 심화될 것으로 판단된다. 다행히 코로나19 시기에 온라인 예배와 모임을 경험함으로써 문화전쟁 시기처럼 극단적인 반대 입장을 취하지는 않겠지만, 신학적·신앙적 콘텐츠를 디지털화하는 작업은 매우 느리게 진행될 것이라 걱정스럽다.

한편 기후생태 문제에 제도적 교회가 지도력을 발휘하면 교회의 공공성 향상에 크게 기여할 것으로 예상된다. 그러나 아직 실천적 의지는 부족한 실정이다. 또한 혐오와 배제를 공적으로 표출하는 일부 교회들로 인해 시민사회와 공공 영역의 원탁에 개신교가 공적으로 참여하는 일이 어렵다. 동성애와 낙태 등의 이슈가 인권을 등한시하거나 차별을 정당화하는 것이 아니라는 점을 명확히 함으로써 성경적 가치에 토대를 두는 교회의 입장을 공적으로 전달하는 제도적 훈련이 필요하다.

5. 하나님 나라를 지향하는 교회와 공동선 인식도 평가

그리스도인이 그리스도인답게 살아감으로써 선한 영향력을 끼치는 것과 교회가 사회의 제도로서 **공동선**에 기여해야 하는 것은 공공성 평가에 있어서 결정적인 요소다. 공동선은 하나님의 형상으로 지어진 모든 인간이 자신의 잠재력을 충분히 발휘할 수 있도록 보장하는 조건 혹은 구조의 가치다. 후기 세속사회 혹은 포스트 크리스텐덤 사회에서는 교회가 사회의 구심점이 되기보다는, 공존과 협력의 소통 방식에 익숙한 존재가 되어야 한다. 동시에 교회가 한국사회의 한 제도로서 공동선에 기여해야 한다는 인식을 신학적, 신앙적으로 고백해야 하며 이 공동의 고백이 몸에 배도록 교인들을 교육해야 한다.

앞서 언급한 여러 항목과 실천들에 대한 평가는 공동선에 대한 교회의 인식도에 따라 그 의미가 달라질 것이다. 성경은 교회가 제도적으로 공동선을 지향하고 있음을 성경적 교회론에서 명확히 드러낸다. 즉, 모두의 은사가 다른 것은 서로에게 선한 공동의 영향을 끼치기 위한 것이다(고전 12:7). 교회는 신학적 차원에서 교회론적으로 공동선을 지향하는 모양새로 구성될 필요가 있다. 동시에 사회적 차원에서 제도로서의 교회 역시 한 사회와 시민사회의 공론장에서 모든 이의 선을 위해 헌신할 필요가 있다. 이것이 곧 하나님의 선교에 동참하는 것이다.

(1) 사회적 제도의 일원으로서의 교회 인식

교회를 사회적 제도의 한 실체로 인정하고, 일원으로서 감당해야 할 공적인 책임 수용에 대한 동의 여부를 통해 구성원들이 생각하는 교회의 공공성을 평가할 수 있다. 사회에서 종교적으로 부여받아야 할 특수한 지위를 교회가 더 중요하게 여길수록 제도적 교회의 공공성을 실천하기 어렵고, 인식 전환을 위한 시간이 더 많이 요구될 것이다. 사회적 제도로 교회를 인식한다고 해서 신앙의 정체성을 약화시키거나 복음 전파라는 선교적 사명을 포기하는 것이 아님을 이해하는 것 또한 필요하다. 그리스도인이 거룩한 성도이자 교양 있는 시민인 것처럼, 교회는 영적 기관인 동시에 세속적인 제도적 실체임을 이해할 수 있어야 한다. 제도로서의 교회를 인정하는 것이 교회의 공공성 확장에 기본적인 조건이 된다.

(2) 공동선에 기여하는 교회의 공적 역할에 대한 성경적 이해

교회를 사회적 제도의 하나로 이해할 때, 공동선에 대한 헌신은 선교적 활동으로 이해되어야 한다. 사회구성원 모두에게 유익한 정책을 지지하고 특정 계층의 이익에 편중되는 정책을 비판하는 역할과, 특히 약하고 소외된 이들에 대한 보호 및 지지를 촉구하는 예언자적 역할이 교회가 지향해야 하는 공동선의 방향성이다. 고아와 과부와 나그네를 보호하라는 하나님의 명령(신 24:20-21)과 갈릴리의 가난하고 병든 이들, 갇힌 자들에게 하나님 나라를 증언하신 예수님의 선포(눅 4:18-19)는 교회가 지향해야 할 공동선의 방향성을 명확히 보여 준다. 교회는 근대적 시민사회의 공공성 담론을 뛰어넘는 성경적 공동선의 제도적 실행을 위한 실천을 선택하고 지지할 수 있어야 한다.

(3) 제도로서의 교회와 공공의 제도 변화

제도와 사회구성원으로서의 교회는 이러한 방향성이 반영된 정부의 정책이 실행될 수 있도록 적극적으로 요구하고, 정부가 응하지 않을 경우에 압력을 행사하는 사회적 연대에도 나서야 한다. 하나님 나라의 원리에 근거하여 사회적 공동선이 구체적인 사회적 제도의 변화로 실현되도록 노력해야 한다는 의미다. 노예제를 없애기 위해 노력했던 윌리엄 윌버포스William Wilberforce나 아브라함 링컨Abraham Lincoln, 또 흑인의 평등권을 주장한 마틴 루터 킹Martin Luther King Jr., 인종차별을 반대한 남아프리카공화국의 만델라Nelson Mandela 등은 제도의 변화를 통해 하나님 나라의 공동선 비전을 실현하려 했던 인물들이다. 예수님은 잘못된 안식일 제도를 비판하셨고(막 2:27), 바울도 당시 관습과 유전으로 따르는 차별적 신분제도를 뛰어넘는 복음의 요청을 공적으로 선언하였다(갈 3:28). 포스트 코로나 시대에 점차 증가하는 공공성과 공정의 요구가 제도적으로 실현되어 우리 사회가 더 좋은 민주공화국의 체제로 발전할 수 있도록 교회는 정치, 경제, 사회의 공적 공론장에 공적으로 참여할 준비를 해야 한다.

함께 읽으면 좋은 책들

- 성석환. 『공공신학과 한국사회』. 새물결플러스, 2019.

- 임성빈. 『21세기 한국사회와 공공신학』. 장로회신학대학교출판부, 2017.
- 로버트 우스노우. 정재영·이승훈 옮김. 『기독교와 시민사회』. CLC, 2014.
- 스탠리 하우어워스. 백지윤 옮김. 『교회의 정치학』. IVP, 2019.
- 빈센트 바코트. 성석환 옮김. 『정치적 제자도』. 새물결플러스, 2021

설문지

*

교회의 건강성
측정을 위한
조사

교회의 건강성 측정을 위한 조사
(교회 출석자)

ID: _____

안녕하십니까? 본 설문은 건강한 교회를 모색하고자 교회의 건강성을 측정하는 조사입니다. 귀하의 의견은 이런 응답을 한 사람이 몇 퍼센트(%) 혹은 해당 질문에 몇 점이라는 식으로 통계를 내는 데에만 사용됩니다. 질문에는 맞고 틀린 것이 없으니 생각나는 대로 말씀해 주시기 바랍니다. 잠시 시간을 내어 협조해 주시면 대단히 감사하겠습니다.

SQ1 귀하의 성별은 무엇입니까?(단수응답)
① 남성 ② 여성

SQ2 귀하는 만으로 몇 세입니까? 만 ___세(단수응답)
① 19세~29세 ② 30세~39세
③ 40세~49세 ④ 50세~59세
⑤ 60세 이상

SQ3 귀하의 거주지는 어디입니까?(단수응답)
① 강원 ② 경기 ③ 인천 ④ 부산
⑤ 울산 ⑥ 경남 ⑦ 대구 ⑧ 경북
⑨ 서울 ⑩ 광주 ⑪ 전남 ⑫ 전북
⑬ 대전 ⑭ 충남(세종 포함) ⑮ 충북 ⑯ 제주

SQ4 귀하의 종교는 무엇입니까?(단수응답) → ③번 응답자만 조사 계속
① 불교 ② 원불교 ③ 기독교(개신교/성공회 포함)
④ 가톨릭 ⑤ 천도교 ⑥ 민간신앙(무속신앙)
⑦ 이슬람교 ⑧ 기타 ⑨ 종교 없음

SQ5 귀하는 출석하고 있는 교회가 있습니까?(단수응답) → ①번 응답자(교회 출석자)
   만 조사 계속
   ① 출석 교회가 있다
   ② 기독교인이지만/하나님은 믿지만 교회에 다니지 않는다 → 조사 중단
      (가나안 성도 설문)

SQ6 귀하의 출석 교회에서 신앙적 배움과 실천을 위해 귀하가 활동하는 소그룹 모
   임(구역, 속회, 셀, 순, 목장, 가정교회, 다락방 등)이 있습니까?(단수응답)
   ① 있다   ② 없다

SQ7 (SQ6의 ① 응답자) 귀하는 현재 소그룹 활동에 얼마나 자주 참석하고 있습니
   까?(단수응답)
   ① 정기적으로 참석하는 편이다
   ② 비정기적으로/가끔 참석하는 편이다
   ③ 거의 참석하지 못한다

SQ8 귀하의 교회에는 담임목사님 외에 부교역자나 교회 직원이 있습니까?(단수응답)
   ① 있다   ② 없다

귀하는 현재 다니고 있는 교회에 대해 어떻게 생각하십니까?
아래 각 문장에 대한 의견을 말씀해 주십시오.

[공동체로서의 교회]

		전혀 그렇지 않다		보통 이다		매우 그렇다		잘 모르 겠다
1	우리 교회는 '하나님 나라의 확장에 참여'라는 교회의 본질적 목적을 효과적으로 달성하고 있다	1	2	3	4	5	6	7	9
2	우리 교회의 목회자와 리더들은 개인의 목표가 아니라 하나님의 뜻을 이루고자 노력한다	1	2	3	4	5	6	7	9
3	우리 교회는 의사결정 과정에서 평신도들이 참여할 수 있는 통로가 열려 있다	1	2	3	4	5	6	7	9
4	나는 우리 교회 예배 가운데 하나님의 임재를 경험한 적이 있다	1	2	3	4	5	6	7	9
5	나는 우리 교회 다른 지체들과 함께 예배드리는 것이 기쁘고 즐겁다	1	2	3	4	5	6	7	9
6	우리 교회는 공적 예배뿐 아니라 하나님의 뜻에 따라 살고자 하는 삶의 예배도 매우 중요하게 여긴다	1	2	3	4	5	6	7	9
7	우리 교회 교육 프로그램은 교육을 위한 교육이 아닌 성도 개개인의 성장을 돕는 데 초점이 맞춰져 있다	1	2	3	4	5	6	7	9
8	우리 교회는 변화하는 세상의 문화와 가치관을 복음적으로 이해할 수 있는 기독교 세계관을 가르친다	1	2	3	4	5	6	7	9
9	우리 교회는 지역사회의 이웃을 위한 사역을 많이 한다	1	2	3	4	5	6	7	9

		전혀 그렇지 않다		보통 이다		매우 그렇다		잘 모르 겠다
10	우리 교회 교인들은 나이, 직분, 사회적 지위 등을 초월해서 서로를 아끼고 사랑한다	1	2	3	4	5	6	7	9
11	(SQ6의 ① 응답자) 코로나19 상황에서 우리 교회 소그룹 사람들은 온라인이든 오프라인이든 상관없이 모이기를 힘쓴다	1	2	3	4	5	6	7	9
12	우리 교회는 사회적으로 소외된 사람들을 위해 기도한다	1	2	3	4	5	6	7	9
13	우리 교회는 코로나19로 인해 어려움을 겪고 있는 교인들을 돕는다	1	2	3	4	5	6	7	9
14	우리 교회는 공예배의 기도나 설교에서 이웃과 지역사회의 문제를 자주 언급한다	1	2	3	4	5	6	7	9
15	우리 교회는 성도들의 건강과 안전을 위해 코로나19 방역조치에 적극 협조한다	1	2	3	4	5	6	7	9
16	우리 교회는 환경보호를 위해 리사이클링과 업사이클링 같은 상품의 재활용을 실천하고 있다	1	2	3	4	5	6	7	9
17	우리 교회는 다음 세대를 위한 복음 증거와 선교에 힘쓰고 있다	1	2	3	4	5	6	7	9
18	우리 교회는 이웃과 지역사회를 위한 복음 증거와 선교에 힘쓰고 있다	1	2	3	4	5	6	7	9
19	나는 우리 교회 사역에서 불가능해 보였던 일들이 하나님의 은혜로 이루어지는 것을 경험한 적이 있다	1	2	3	4	5	6	7	9
20	우리 교회는 교회 구성원들의 의견을 잘 수용하고 반영하는 편이다	1	2	3	4	5	6	7	9

[사회구성원으로서의 교회]

		전혀 그렇지 않다		보통 이다		매우 그렇다		잘 모르 겠다
21	우리 교회의 재정은 투명하게 사용 되고 있다	1	2	3	4	5	6	7	9
22	우리 교회는 의사결정 기구에 청년 과 여성대표를 할당하고 있다	1	2	3	4	5	6	7	9
23	교회의 자산은 사회적 공공재의 일 부로 볼 수 있다	1	2	3	4	5	6	7	9
24	우리 교회는 사역 계획을 수립할 때 지역주민들의 의견을 청취한다	1	2	3	4	5	6	7	9
25	우리 교회는 교회 시설을 지역주민 들에게 개방한다	1	2	3	4	5	6	7	9
26	우리 교회는 지역의 외부 단체들과 협력해서 자원봉사 활동을 진행한다	1	2	3	4	5	6	7	9
27	우리 교회는 다른 교회와 협력하여 지역사회를 위한 활동에 참여한다	1	2	3	4	5	6	7	9
28	우리 교회는 형편이 어려운 교회를 도와주려고 노력한다	1	2	3	4	5	6	7	9
29	우리 교회는 우리 사회의 중요한 이슈에 대해 성경적 관점에서 의견 을 제시한다	1	2	3	4	5	6	7	9
30	우리 교회는 한국사회의 불평등 문 제에 관심을 가진다	1	2	3	4	5	6	7	9
31	우리 교회는 한국사회의 디지털 전 환을 적극 수용한다	1	2	3	4	5	6	7	9

		전혀 그렇지 않다		보통 이다			매우 그렇다	잘 모르 겠다
32	우리 교회는 기후변화 문제에 관심을 가진다	1	2	3	4	5	6	7	9
33	나는 우리 교회 공예배에서 성별, 장애인, 지역, 인종, 학력 등에 대한 차별/혐오 발언을 들은 적이 있다	1	2	3	4	5	6	7	9
34	(SQ8의 ① 응답자) 우리 교회는 교회 직원, 부교역자 등의 업무 환경 면에서 모범이 되고 있다	1	2	3	4	5	6	7	9
35	신앙 공동체인 교회도 사회에 필요한 기구/영역 중 하나다	1	2	3	4	5	6	7	9
36	우리 교회는 성도들이 일터에서 자신이 가진 지위, 권한, 능력을 사용하여 모범적인 직장을 만들어 가도록 가르치고 있다	1	2	3	4	5	6	7	9
37	우리 교회는 사회적 약자들을 위해 필요한 제도나 정책을 지지한다.	1	2	3	4	5	6	7	9
38	우리 교회는 나와 다른 의견을 경청하고 대화하는 문화가 잘 발달해 있다	1	2	3	4	5	6	7	9
39	우리 교회는 공동선을 훼손하는 정치/경제/사회제도의 변화를 위해 공적인 의견을 제시하고 있다	1	2	3	4	5	6	7	9

[개인 차원-하나님과의 관계]

		전혀 그렇지 않다			보통 이다			매우 그렇다
40	나는 문제가 생겼을 때 일의 주도권이 하나님께 있다고 믿고 기도한다	1	2	3	4	5	6	7
41	나는 일주일 중에 하나님께 예배 드리는 시간이 가장 중요하다	1	2	3	4	5	6	7
42	나는 자원하는 마음으로 주일헌금과 십일조를 드린다	1	2	3	4	5	6	7
43	나는 죄의 유혹을 받을 때 하나님께 기뻐하시지 않는 일이라고 생각해 거부한다	1	2	3	4	5	6	7
44	나는 미디어를 통해 교회에 대한 부정적인 소식을 접하면 내가 하나님 앞에서 죄를 짓고 있다고 느낀다	1	2	3	4	5	6	7
45	나는 성경을 읽고 기도하면서 하나님과 가까이 살아가고 있음을 느낀다	1	2	3	4	5	6	7
46	나는 하나님께서 나에게 주신 은사와 재능을 공동체를 위해 사용하고 있다	1	2	3	4	5	6	7
47	나는 나의 가족과 신앙적인 주제에 관해 편하게 대화한다	1	2	3	4	5	6	7
48	나는 우리 교회의 성도들과 교제하는 것이 기쁘고 즐겁다	1	2	3	4	5	6	7
49	(SQ6의 ① 응답자) 나는 한 달에 한 번 이상 교회의 소그룹 모임에 참여하고 있다	1	2	3	4	5	6	7

		전혀 그렇지 않다		보통 이다		매우 그렇다	
50	나는 교회에서 새로운 성도를 만나면 먼저 인사를 건네고 교회생활에 대해 이야기를 나눈다	1	2	3	4	5	6	7
51	나는 교회에서 나와 다른 의견을 가지고 있는 성도들의 이야기를 듣는 것이 불편하다	1	2	3	4	5	6	7
52	나는 주변에서 어려움을 겪고 있는 이웃에 대한 소식을 들으면 규모에 상관없이 내가 가진 것을 나눈다	1	2	3	4	5	6	7
53	나는 한 달에 한 번 이상 교회의 봉사활동에 정기적으로 참여한다	1	2	3	4	5	6	7
54	나는 제직회 혹은 공동의회와 같은 교회의 의사결정 과정에 애정과 책임감을 느낀다	1	2	3	4	5	6	7
55	나는 나의 몸이 하나님의 성전이라고 생각하며 음식과 기호식품(술, 담배 등)을 절제한다	1	2	3	4	5	6	7
56	나는 내가 원하는 일을 추진하기 전에 먼저 그것이 과연 하나님의 뜻에 맞는지 알기 위해 충분히 기도한다	1	2	3	4	5	6	7
57	나는 인터넷에서 기독교에 관한 이야기를 들으면 그것이 사이비 혹은 이단인지 여부를 구별할 수 있다	1	2	3	4	5	6	7
58	나는 일상에서 정직하게 답해야 하는 경우에 망설인다	1	2	3	4	5	6	7
59	나는 하나님께서 나의 인생에 특별한 계획을 갖고 계심을 믿으며 그것을 발견하기 위해 노력한다	1	2	3	4	5	6	7

		전혀 그렇지 않다		보통 이다		매우 그렇다	
60	나는 우리 교회가 추구하는 비전이 무엇인지 잘 이해하고 있다	1	2	3	4	5	6	7
61	나는 정치와 사회에 관한 뉴스 정보 를 카카오톡, 유튜브 등 소셜미디어 에 의존한다	1	2	3	4	5	6	7
62	기독교인으로서 정치와 사회 문제에 관심을 갖는 것은 불필요하다	1	2	3	4	5	6	7
63	나는 지난 1년간 교회 밖 자원봉사 활동에 참여한 적이 있다	1	2	3	4	5	6	7
64	우리 교회가 지역사회에서 어려운 이웃을 돕는 일에 나의 참여나 도움 이 크게 중요하지 않다고 생각한다	1	2	3	4	5	6	7

65 귀하는 다음에 제시된 교회의 3가지 속성에 대해 각각 얼마나 중요하다고 생각하십니까?

		전혀 그렇지 않다		보통 이다		매우 그렇다	
1	개인 차원에서의 교회(나와 하나님 과의 관계, 나와 공동체와의 관계 등)	1	2	3	4	5	6	7
2	공동체로서의 교회(하나님 나라를 위해 함께 움직이는 공동체)	1	2	3	4	5	6	7
3	사회구성원으로서의 교회(사회적 책임과 연대, 공적 참여, 지역사회에 대한 기여)	1	2	3	4	5	6	7

65-1 그럼, 다음에 제시된 교회의 3가지 속성 중 어떤 것이 가장 중요하다고 생각하십니까? 그다음으로 중요하다고 생각하는 것은 무엇입니까?(2순위 필수)

1순위 : _____ 2순위 : _____

① 개인 차원에서의 교회 - 나와 하나님과의 관계, 나와 공동체와의 관계 등
② 공동체로서의 교회 - 하나님 나라를 위해 함께 움직이는 공동체
③ 사회구성원으로서의 교회 - 사회적 책임과 연대, 공적 참여, 지역사회에 대한 기여
⑤ 잘 모르겠다

65-2 그럼, 다음에 제시된 교회의 3가지 속성 중 현재 한국교회에 가장 부족한 것이 있다면 무엇입니까?(단수응답)

① 개인 차원에서의 교회 - 나와 하나님과의 관계, 나와 공동체와의 관계 등
② 공동체로서의 교회 - 하나님 나라를 위해 함께 움직이는 공동체
③ 사회구성원으로서의 교회 - 사회적 책임과 연대, 공적 참여, 지역사회에 대한 기여
④ 잘 모르겠다

66 앞에서 귀하가 출석하고 있는 교회에 대해 각 항목별로 응답하셨는데요, 전체적으로 귀하의 교회가 얼마나 건강하다고 생각하십니까?

전혀 건강하지 않다		보통이다			매우 건강하다		잘 모르겠다
1	2	3	4	5	6	7	9

67 그렇다면 귀하는 한국교회가 전반적으로 얼마나 건강하다고 생각하십니까?

전혀 건강하지 않다			보통이다			매우 건강하다	잘 모르겠다
1	2	3	4	5	6	7	9

68 귀하는 출석했던 교회에 전반적으로 얼마나 만족하셨습니까?

전혀 만족하지 않았다			보통이다			매우 만족했다
1	2	3	4	5	6	7

69 한국교회에 대해서는 전반적으로 얼마나 만족하십니까?

전혀 만족하지 않는다			보통이다			매우 만족한다
1	2	3	4	5	6	7

70 귀하는 귀하가 출석했던 교회를 얼마나 신뢰하셨습니까?

전혀 신뢰하지 않았다			보통이다			매우 신뢰했다
1	2	3	4	5	6	7

71 귀하는 한국교회를 전반적으로 얼마나 신뢰하십니까?

전혀 신뢰하지 않는다		보통이다			매우 신뢰한다	
1	2	3	4	5	6	7

응답자 특성 문항

DQ1 귀하는 결혼(사실혼 포함)을 하셨습니까?(단수응답)

① 미혼　　　　　　　　　② 기혼

DQ2 귀하의 직업은 무엇입니까?(단수응답)

① 농업/임업/어업

② 자영업(종업원 9명 이하의 소규모 장사 및 가족종사자, 목공소 주인, 개인택시 운전사 등)

③ 판매/서비스직(상점 점원, 세일즈맨 등)

④ 기능/숙련공(운전사, 목공 등)

⑤ 일반 작업직(토목 관계의 현장 삭업, 청소, 수위 등)

⑥ 사무/기술직(일반회사 사무직, 기술직, 초.중.고 교사, 항해사 등)

⑦ 경영/관리직(5급 이상의 고급공무원, 기업체 부장 이상의 위치, 교장)

⑧ 전문/자유직(대학교수, 의사, 변호사, 예술가, 종교인 등)

⑨ 전업주부(주로 가사에만 종사하는 자)

⑩ 학생

⑪ 무직

⑫ 기타

DQ3 신앙생활을 하신 지 얼마나 되었습니까? _____년

DQ4 교회에서 귀하의 직분은 무엇입니까?(단수응답)

    ① 목회자/교역자   ② 장로

    ③ 권사(여자)   ④ 안수집사/권사(남자)

    ⑤ 집사   ⑥ 일반 성도

DQ5 귀하는 지난주 주일예배를 어떻게 드리셨습니까?(단수응답)

    ① 교회에 직접 가서 예배드렸다   ② 온라인으로 예배드렸다

    ③ 방송예배로 드렸다   ④ 가정예배로 드렸다

    ⑤ 예배를 드리지 못했다

DQ6 귀하는 주일예배에 얼마나 자주 참석하십니까? 온라인예배와 현장예배를 포함하여 말씀해 주십시오.(단수응답)

    ① 매주   ② 한 달에 3번 정도

    ③ 한 달에 2번 정도   ④ 한 달에 1번 정도

    ⑤ 두세 달에 1번 정도   ⑥ 그 이하

DQ7 귀하는 교회에서 맡은 역할이나 참여하는 봉사활동이 있습니까? 코로나19 이전을 기준으로 응답해 주십시오.(단수응답)

    ① 예   ② 아니오

DQ8 현재 출석하고 계신 교회의 청년 이상 출석교인 수는 대략 몇 명이나 됩니까? 코로나19 전을 기준으로 응답해 주십시오.(단수응답)

    ① 30명 미만   ② 30-49명   ③ 50-99명

    ④ 100-299명   ⑤ 300-499명   ⑥ 500-999명

    ⑦ 1,000-2,999명   ⑧ 3,000명 이상

DQ9 귀하의 신앙은 다음 4가지 중 어디에 속한다고 생각하십니까? 솔직하게 응답해 주십시오.(단수응답)

① 1단계: 하나님을 믿지만, 그리스도에 대해서는 잘 모르겠다. 내 종교는 아직까지 삶에서 큰 비중을 차지하지 않는다.

② 2단계: 예수님을 믿으며, 그분을 알기 위해 여러 가지 일을 하고 있다.

③ 3단계: 그리스도와 가까이 있으며, 거의 매일 그분의 인도하심에 의지한다.

④ 4단계: 하나님은 내 삶의 전부이며, 나는 그분으로 충분하다. 나의 모든 일은 그리스도를 드러낸다.

DQ10 귀댁의 월평균 가구 실소득은 어느 정도입니까? 함께 거주하는 구성원 모두의 수입 및 이자수입, 연금 등을 포함한 전체 가구소득을 말씀해 주십시오.(단수응답)

① 200만 원 미만   ② 200만~399만 원

③ 400만~599만 원   ④ 600만~799만 원

⑤ 800만~999만 원   ⑥ 1000만 원 이상

- 끝까지 응답해 주셔서 대단히 감사합니다 -

교회의 건강성 측정을 위한 조사
(가나안 성도)

ID: _____

안녕하십니까? 본 설문은 건강한 교회를 모색하고자 교회의 건강성을 측정하는 조사입니다. 귀하의 의견은 이런 응답을 한 사람이 몇 퍼센트(%) 혹은 해당 질문에 몇 점이라는 식으로 통계를 내는 데에만 사용됩니다. 질문에는 맞고 틀린 것이 없으니 생각나는 대로 말씀해 주시기 바랍니다. 잠시 시간을 내어 협조해 주시면 대단히 감사하겠습니다.

SQ1 귀하의 성별은 무엇입니까?(단수응답)
① 남성　　　　　　　　　② 여성

SQ2 귀하는 만으로 몇 세입니까? 만 ___세(단수응답)
① 19세~29세　　　　　　② 30세~39세
③ 40세~49세　　　　　　④ 50세~59세
⑤ 60세 이상

SQ3 귀하의 거주지는 어디입니까?(단수응답)
① 강원　　② 경기　　③ 인천　　④ 부산
⑤ 울산　　⑥ 경남　　⑦ 대구　　⑧ 경북
⑨ 서울　　⑩ 광주　　⑪ 전남　　⑫ 전북
⑬ 대전　　⑭ 충남(세종 포함)　⑮ 충북　　⑯ 제주

SQ4 귀하의 종교는 무엇입니까?(단수응답) → ③번 응답자만 조사 계속
① 불교　　　　② 원불교　　　③ 기독교(개신교/성공회 포함)
④ 가톨릭　　　⑤ 천도교　　　⑥ 민간신앙(무속신앙)
⑦ 이슬람교　　⑧ 기타　　　　⑨ 종교 없음

SQ5 귀하는 현재 출석하고 있는 교회가 있습니까?(단수응답) → ②번 응답자(가나안 성도)만 조사 계속

    ① 출석 교회가 있다 → 조사 중단(교회 출석자 설문)

    ② 기독교인이지만/하나님은 믿지만 교회에 다니지 않는다

SQ6 귀하는 대략 몇 세쯤부터 교회에 안 나가기 시작했습니까?

    _____세

SQ7 귀하가 출석했던 교회에는 담임목사님 외에 부교역자나 교회 직원이 있었습니까?(단수응답)

    ① 있었다   ② 없었다   ③ 잘 모르겠다

귀하는 예전에 출석했던 교회에 대해 어떻게 생각하십니까?

아래 각 문장에 대한 의견을 말씀해 주십시오.

[공동체로서의 교회]

		전혀 그렇지 않다			보통 이다		매우 그렇다		잘 모르 겠다
1	내가 출석했던 교회는 '하나님 나라의 확장에 참여'라는 교회의 본질적 목적을 효과적으로 달성하고 있었다	1	2	3	4	5	6	7	9
2	내가 출석했던 교회의 목회자와 리더들은 개인의 목표가 아니라 하나님의 뜻을 이루고자 노력했다	1	2	3	4	5	6	7	9
3	내가 출석했던 교회는 의사결정 과정에서 평신도들이 참여할 수 있는 통로가 열려 있었다	1	2	3	4	5	6	7	9
4	나는 내가 출석했던 교회 예배 가운데 하나님의 임재를 경험한 적이 있다	1	2	3	4	5	6	7	9
5	나는 내가 출석했던 교회의 다른 지체들과 함께 예배드리는 것이 기쁘고 즐거웠다	1	2	3	4	5	6	7	9
6	내가 출석했던 교회는 공적 예배뿐 아니라 하나님의 뜻에 따라 살고자 하는 삶의 예배도 매우 중요하게 여겼다	1	2	3	4	5	6	7	9
7	내가 출석했던 교회의 교육 프로그램은 교육을 위한 교육이 아닌 성도 개개인의 성장을 돕는 데 초점이 맞춰져 있었다	1	2	3	4	5	6	7	9

		전혀 그렇지 않다		보통 이다		매우 그렇다		잘 모르 겠다
8	내가 출석했던 교회는 변화하는 세상의 문화와 가치관을 복음적으로 이해할 수 있는 기독교 세계관을 가르쳤다	1	2	3	4	5	6	7	9
9	내가 출석했던 교회는 지역사회의 이웃을 위한 사역을 많이 했다	1	2	3	4	5	6	7	9
10	내가 출석했던 교회 교인들은 나이, 직분, 사회적 지위 등을 초월해서 서로를 아끼고 사랑했다	1	2	3	4	5	6	7	9
11	코로나19 상황에서 내가 출석했던 교회 소그룹 사람들은 온라인이든 오프라인이든 상관없이 모이기를 힘썼다	1	2	3	4	5	6	7	9
12	내가 출석했던 교회는 사회적으로 소외된 사람들을 위해 기도했다	1	2	3	4	5	6	7	9
13	내가 출석했던 교회는 코로나19로 인해 어려움을 겪고 있는 교인들을 도왔다	1	2	3	4	5	6	7	9
14	내가 출석했던 교회는 공예배의 기도나 설교에서 이웃과 지역사회의 문제를 자주 언급했다	1	2	3	4	5	6	7	9
15	내가 출석했던 교회는 성도들의 건강과 안전을 위해 코로나19 방역조치에 적극 협조했다	1	2	3	4	5	6	7	9
16	내가 출석했던 교회는 환경보호를 위해 리사이클링과 업사이클링 같은 상품의 재활용을 실천하고 있었다	1	2	3	4	5	6	7	9

		전혀 그렇지 않다 ◄————			보통 이다			매우 그렇다 ————►	잘 모르 겠다
17	내가 출석했던 교회는 다음 세대를 위한 복음 증거와 선교에 힘썼다	1	2	3	4	5	6	7	9
18	내가 출석했던 교회는 이웃과 지역 사회를 위한 복음 증거와 선교에 힘썼다	1	2	3	4	5	6	7	9
19	나는 내가 출석했던 교회 사역에서 불가능해 보였던 일들이 하나님의 은혜로 이루어지는 것을 경험한 적 이 있다	1	2	3	4	5	6	7	9

[사회구성원으로서의 교회]

		전혀 그렇지 않다 ◄————			보통 이다			매우 그렇다 ————►	잘 모르 겠다
20	내가 출석했던 교회는 교회 구성원 들의 의견을 잘 수용하고 반영하는 편이었다	1	2	3	4	5	6	7	9
21	내가 출석했던 교회의 재정은 투명 하게 사용되고 있었다	1	2	3	4	5	6	7	9
22	내가 출석했던 교회는 의사결정 기 구에 청년과 여성대표를 할당하고 있었다	1	2	3	4	5	6	7	9
23	교회의 자산은 사회적 공공재의 일 부로 볼 수 있다	1	2	3	4	5	6	7	9
24	내가 출석했던 교회는 사역 계획을 수립할 때 지역주민들의 의견을 청 취했다	1	2	3	4	5	6	7	9

		전혀 그렇지 않다			보통 이다			매우 그렇다	잘 모르 겠다
25	내가 출석했던 교회는 교회 시설을 지역주민들에게 개방했다	1	2	3	4	5	6	7	9
26	내가 출석했던 교회는 지역의 외부 단체들과 협력해서 자원봉사 활동 을 진행했다	1	2	3	4	5	6	7	9
27	내가 출석했던 교회는 다른 교회와 협력하여 지역사회를 위한 활동에 참여했다	1	2	3	4	5	6	7	9
28	내가 출석했던 교회는 형편이 어려 운 교회를 도와주려고 노력했다	1	2	3	4	5	6	7	9
29	내가 출석했던 교회는 우리 사회의 중요한 이슈에 대해 성경적 관점에 서 의견을 제시했다	1	2	3	4	5	6	7	9
30	내가 출석했던 교회는 한국사회의 불평등 문제에 관심을 가졌다	1	2	3	4	5	6	7	9
31	내가 출석했던 교회는 한국사회의 디지털 전환을 적극 수용했다	1	2	3	4	5	6	7	9
32	내가 출석했던 교회는 기후변화 문 제에 관심을 가졌다	1	2	3	4	5	6	7	9
33	나는 내가 출석했던 교회 공예배에 서 성별, 장애인, 지역, 인종, 학력 등에 대한 차별/혐오 발언을 들은 적이 있다	1	2	3	4	5	6	7	9
34	(SQ7의 ① 응답자) 내가 출석했던 교회는 교회 직원, 부교역자 등의 업무 환경 면에서 모범이 되었다	1	2	3	4	5	6	7	9

		전혀 그렇지 않다		보통 이다		매우 그렇다		잘 모르 겠다
35	신앙 공동체인 교회도 사회에 필요한 기구/영역 중 하나다	1	2	3	4	5	6	7	9
36	내가 출석했던 교회는 성도들이 일터에서 자신이 가진 지위, 권한, 능력을 사용하여 모범적인 직장을 만들어 가도록 가르쳤다	1	2	3	4	5	6	7	9
37	내가 출석했던 교회는 사회적 약자들을 위해 필요한 제도나 정책을 지지했다	1	2	3	4	5	6	7	9
38	내가 출석했던 교회는 나와 다른 의견을 경청하고 대화하는 문화가 잘 발달해 있었다	1	2	3	4	5	6	7	9
39	내가 출석했던 교회는 공동선을 훼손하는 정치/경제/사회제도의 변화를 위해 공적인 의견을 제시하고 있었다	1	2	3	4	5	6	7	9

[개인 차원-하나님과의 관계]

		전혀 그렇지 않다		보통 이다		매우 그렇다
40	나는 문제가 생겼을 때 일의 주도권이 하나님께 있다고 믿고 기도한다	1	2	3	4	5	6	7
41	나는 일주일 중에 하나님께 예배 드리는 시간이 가장 중요하다	1	2	3	4	5	6	7
42	나는 교회에 다닐 때, 자원하는 마음으로 주일헌금과 십일조를 드렸다	1	2	3	4	5	6	7

		전혀 그렇지 않다		보통 이다		매우 그렇다	
43	나는 죄의 유혹을 받을 때 하나님께서 기뻐하지 않는 일이라고 생각해 거부한다	1	2	3	4	5	6	7
44	나는 미디어를 통해 교회에 대한 부정적인 소식을 접하면 내가 하나님 앞에서 죄를 짓고 있다고 느낀다	1	2	3	4	5	6	7
45	나는 성경을 읽고 기도하면서 하나님과 가까이 살아가고 있음을 느낀다	1	2	3	4	5	6	7
46	나는 하나님께서 나에게 주신 은사와 재능을 공동체를 위해 사용하고 있다	1	2	3	4	5	6	7
47	나는 나의 가족과 신앙적인 주제에 관해 편하게 대화한다	1	2	3	4	5	6	7
48	나는 내가 출석했던 교회의 성도들과 교제하는 것이 기쁘고 즐거웠다	1	2	3	4	5	6	7
49	나는 한 달에 한 번 이상 모이는 신앙 관련 모임에 참여하고 있다	1	2	3	4	5	6	7
50	나는 출석했던 교회에서 새로운 성도를 만나면 먼저 인사를 건네고 교회생활에 대해 이야기를 나누는 편이었다	1	2	3	4	5	6	7
51	나는 출석했던 교회에서 나와 다른 의견을 가지고 있는 성도들의 이야기를 듣는 것이 불편했다	1	2	3	4	5	6	7
52	나는 주변에서 어려움을 겪고 있는 이웃에 대한 소식을 들으면 규모에 상관없이 내가 가진 것을 나눈다	1	2	3	4	5	6	7

		전혀 그렇지 않다 ←			보통 이다			매우 그렇다 →
53	나는 교회에 다닐 때, 한 달에 한 번 이상 교회의 봉사활동에 정기적으로 참여했다	1	2	3	4	5	6	7
54	나는 교회에 다닐 때, 제직회 혹은 공동의회와 같은 교회의 의사결정 과정에 애정과 책임감을 느꼈다	1	2	3	4	5	6	7
55	나는 나의 몸이 하나님의 성전이라고 생각하며 음식과 기호식품(술, 담배 등)을 절제한다	1	2	3	4	5	6	7
56	나는 내가 원하는 일을 추진하기 전에 먼저 그것이 과연 하나님의 뜻에 맞는지 알기 위해 충분히 기도한다	1	2	3	4	5	6	7
57	나는 인터넷에서 기독교에 관한 이야기를 들으면 그것이 사이비 혹은 이단인지 여부를 구별할 수 있다	1	2	3	4	5	6	7
58	나는 일상에서 정직하게 답해야 하는 경우에 망설인다	1	2	3	4	5	6	7
59	나는 하나님께서 나의 인생에 특별한 계획을 갖고 계심을 믿으며 그것을 발견하기 위해 노력한다	1	2	3	4	5	6	7
60	나는 내가 출석했던 교회가 추구하는 비전이 무엇인지 잘 이해하고 있었다	1	2	3	4	5	6	7
61	나는 정치와 사회에 관한 뉴스 정보를 카카오톡, 유튜브 등 소셜미디어에 의존한다	1	2	3	4	5	6	7

		전혀 그렇지 않다		보통 이다		매우 그렇다		
62	기독교인으로서 정치와 사회 문제에 관심을 갖는 것은 불필요하다	1	2	3	4	5	6	7
63	나는 지난 1년간 자원봉사 활동에 참여한 적이 있다	1	2	3	4	5	6	7
64	내가 교회에 다닐 때, 교회가 지역사회에서 어려운 이웃을 돕는 일에 나의 참여나 도움이 크게 중요하지 않다고 생각했다	1	2	3	4	5	6	7

65 귀하는 다음에 제시된 교회의 3가지 속성에 대해 각각 얼마나 중요하다고 생각하십니까?

		전혀 그렇지 않다		보통 이다		매우 그렇다		
1	개인 차원에서의 교회(나와 하나님과의 관계, 나와 공동체와의 관계 등)	1	2	3	4	5	6	7
2	공동체로서의 교회(하나님 나라를 위해 함께 움직이는 공동체)	1	2	3	4	5	6	7
3	사회구성원으로서의 교회(사회적 책임과 연대, 공적 참여, 지역사회에 대한 기여)	1	2	3	4	5	6	7

65-1 그럼, 다음에 제시된 교회의 3가지 속성 중 어떤 것이 가장 중요하다고 생각하십니까? 그다음으로 중요하다고 생각하는 것은 무엇입니까?(2순위 필수)

1순위 : _____ 2순위 : _____

① 개인 차원에서의 교회 - 나와 하나님과의 관계, 나와 공동체와의 관계 등
② 공동체로서의 교회 - 하나님 나라를 위해 함께 움직이는 공동체
③ 사회구성원으로서의 교회 - 사회적 책임과 연대, 공적 참여, 지역사회에 대한 기여
④ 잘 모르겠다

65-2 그럼, 다음에 제시된 교회의 3가지 속성 중 현재 한국교회에 가장 부족한 것이 있다면 무엇입니까?(단수응답)

① 개인 차원에서의 교회 - 나와 하나님과의 관계, 나와 공동체와의 관계 등
② 공동체로서의 교회 - 하나님 나라를 위해 함께 움직이는 공동체
③ 사회구성원으로서의 교회 - 사회적 책임과 연대, 공적 참여, 지역사회에 대한 기여
④ 잘 모르겠다

66 앞에서 귀하가 출석했던 교회에 대해 각 항목별로 응답하셨는데요, 전체적으로 귀하가 출석했던 교회가 얼마나 건강했다고 생각하십니까?

내가 출석했던 교회는 매우 건강하지 않다			보통이다		내가 출석했던 교회는 매우 건강하다		잘 모르겠다
1	2	3	4	5	6	7	9

67 그렇다면 귀하는 한국교회가 전반적으로 얼마나 건강하다고 생각하십니까?

한국교회는 매우 건강하지 않다		보통이다			한국교회는 매우 건강하다		잘 모르겠다
1	2	3	4	5	6	7	9

68 귀하는 출석했던 교회에 전반적으로 얼마나 만족하셨습니까?

전혀 만족하지 않았다		보통이다			매우 만족했다	
1	2	3	4	5	6	7

69 한국교회에 대해서는 전반적으로 얼마나 만족하십니까?

전혀 만족하지 않는다		보통이다			매우 만족한다	
1	2	3	4	5	6	7

70 귀하는 귀하가 출석했던 교회를 얼마나 신뢰하셨습니까?

전혀 신뢰하지 않았다		보통이다			매우 신뢰했다	
1	2	3	4	5	6	7

71 귀하는 한국교회를 전반적으로 얼마나 신뢰하십니까?

전혀 신뢰하지 않는다		보통이다		매우 신뢰한다		
1	2	3	4	5	6	7

응답자 특성 문항

DQ1 귀하는 결혼(사실혼 포함)을 하셨습니까?(단수응답)

① 미혼   ② 기혼

DQ2 귀하의 직업은 무엇입니까?(단수응답)

① 농업/임업/어업

② 자영업(종업원 9명 이하의 소규모 장사 및 가족 종사자, 목공소 주인, 개인택시 운전사 등)

③ 판매/서비스직(상점 점원, 세일즈맨 등)

④ 기능/숙련공(운전사, 목공 등)

⑤ 일반 작업직(토목 관계의 현장 작업, 청소, 수위 등)

⑥ 사무/기술직(일반회사 사무직, 기술직, 초.중.고 교사, 항해사 등)

⑦ 경영/관리직(5급 이상의 고급공무원, 기업체 부장 이상의 위치, 교장)

⑧ 전문/자유직(대학교수, 의사, 변호사, 예술가, 종교인 등)

⑨ 전업주부(주로 가사에만 종사하는 자)

⑩ 학생

⑪ 무직

⑫ 기타

DQ3 신앙생활을 한 지 얼마나 되셨습니까? _____년

DQ4 귀하는 교회에 다닐 때 직분이 무엇이었습니까?(단수응답)

① 장로   ② 권사(여자)   ③ 안수집사/권사(남자)

④ 집사   ⑤ 일반 성도(직분 없음)

DQ5 귀하는 교회에 출석하지 않더라도 온라인이나 방송 등을 통해 주일예배를 드리
십니까?(단수응답)

① 온라인이나 방송예배 등으로 주일예배를 드리고 있다

② 주일예배를 드리지 않고 있다

DQ6 (DQ5의 ① 응답자) 귀하는 주일예배를 얼마나 자주 드리십니까?(단수응답)

① 매주   ② 한 달에 3번 정도

③ 한 달에 2번 정도   ④ 한 달에 1번 정도

⑤ 두세 달에 1번 정도   ⑥ 그 이하

DQ7 귀하의 신앙은 다음 4가지 중 어디에 속한다고 생각하십니까? 솔직하게 응답해
주십시오.(단수응답)

① 1단계: 하나님을 믿지만, 그리스도에 대해서는 잘 모르겠다. 내 종교
는 아직까지 삶에서 큰 비중을 차지하지 않는다.

② 2단계: 예수님을 믿으며, 그분을 알기 위해 여러가지 일을 하고 있다.

③ 3단계: 그리스도와 가까이 있으며, 거의 매일 그분의 인도하심에 의지
한다.

④ 4단계: 하나님은 내 삶의 전부이며, 나는 그분으로 충분하다. 나의 모
든 일은 그리스도를 드러낸다.

DQ8 귀댁의 월평균 가구 실소득은 어느 정도입니까? 함께 거주하는 구성원 모두의 수입 및 이자수입, 연금 등을 포함한 전체 가구소득을 말씀해 주십시오.(단수응답)

① 200만 원 미만   ② 200만~399만 원

③ 400만~599만 원   ④ 600만~799만 원

⑤ 800만~999만 원   ⑥ 1000만 원 이상

- 끝까지 응답해 주셔서 대단히 감사합니다 -

저자 소개

✳

김태섭

장로회신학대학교 신약학 교수. 하나님이 우리에게 계시하신 주님의 말씀을 성령의 섭리에 따라 설교와 강의 가운데 풀어내고자 분투하고 있다. 성령의 능력으로 이 땅에 하나님 나라가 현시되는 그날을 꿈꾼다. 서울대학교에서 종교학을 공부하고, 장로회신학대학교, 미국 예일대학교, 영국 캠브리지대학교에서 신학과 신약학을 전공했다. 주요 연구로 "The Church as the New People of God in the Gospel of Matthew"(신학논단) 등이 있다.

송용원

장로회신학대학교 조직신학 교수. 신학생들이 개혁신학을 철저히 지향하면서도 현대적인 목회사역을 펼칠 수 있도록 가르치고 있다. 연세대학교 불어불문학과를 나와 장로회신학대학교, 미국 예일대학교, 영국 에든버러대학교에서 신학과 조직신학을 공부했다. 온누리교회, 뉴저지초대교회, 새문안교회에서 대학생·청년 사역을 했으며, 보스톤 온누리교회와 뉴욕 맨해튼 뉴프론티어교회를 개척하여 담임목회를 했다. 지은 책으로 『사이에서』(IVP), 『성경과 공동선』(성서유니온) 등이 있다.

백광훈

을지대학교 교목. 문화선교연구원장. 한국교회 대표적인 문화연구 싱크탱크인 문화선교연구원에서 소통과 참여, 문화 변혁을 지향하는 문화선교의 방향성에 대해 대안을 제시하고 있다. 또한 을지대학교에서 다음 세대 신앙 잇기와 학원복음화를 위한 사역에 힘쓰고 있다. 전북대학교 철학과, 장로회신학대학교에서 기독교와문화를 전공했다. 지은 책으로 『한국 교회 트렌드 2023/2024』(공저, 규장), 『코로나19 팬데믹 시대의 마을목회와 교회 건물의 공공성』(공저, 쿰란출판사) 등이 있다.

신현호

장로회신학대학교 기독교교육학 교수. 이 땅을 살아가는 그리스도인들이 하나님 나라 백성의 정체성과 소명을 발견하며 영적 생명력을 가지고 살아가도록 돕는 기독교교육학자이자 목회자다. 현장과 강단을 오가며 실천 지향적인 기독교교육, 온 세대 교육목회, 미래교육에 대해 연구하고 있다. 장로회신학대학교, 미국 유니온장로회신학대학원, 캐나다 토론토대학 낙스칼리지에서 신학과 기독교교육을 전공했다. 지은 책으로 『슬기로운 메타버스 교회학교』(공저, 두란노), 『교회학교가 살아야 교회의 내일이 있다』(공저, 동연)가 있다.

이병옥

장로회신학대학교 선교학 교수. 하나님의 자녀 된 사람들이 하나님 나라의 구현과 하나님의 선교의 실천에 참여할 수 있도록 돕는 선교학자이자 목회자다. 교인이 일상에서 하나님의 선교에 참여하는 선교적 그리스도인이 되고, 교회가 선교적 교회가 되는 길을 모색하는 것이 가장 큰 사역이자 연구 주제다. 장로회신학대학교와 미국 루터대학교에서 신학과 선교학을 공부했다. 지은 책으로 『선교적 교회의 오늘과 내일』(공저, 예영커뮤니케이션), 『선교적 교회론과 한국교회』(공저, 대한기독교서회)가 있다.

성석환

도시공동체연구소장. 장로회신학대학교 기독교와문화 교수. 기독교 윤리의
관점으로 한국사회와 교회의 신학적 주제들을 다루고 있으며, 시민사회와 지
역사회에서 하나님 나라에 참여하는 교회의 공적 역할에 대한 연구 및 새로
운 교회 개척과 갱신을 위한 교회 운동을 전개하고 있다. 연세대학교, 장로회
신학대학교에서 신학과 기독교와문화 분야를 공부하고 스위스 보세이 에큐
메니컬연구원에서 수학했다. 지은 책으로 『지역공동체와 함께 하는 교회의
새로운 도전들』(나눔사) 등이 있다.

설문

지앤컴리서치(조사 및 통계분석)

1998년에 시작된 국내 최초 기독교 조사 전문 기관. 한국교회와 한국사회 발
전을 위하여 목회 전반, 기독교인의 신앙 의식, 교회의 대사회적 신뢰도 등 기
독교 관련 조사를 전문적으로 수행해 오고 있다.

류지성

고려대학교 경영대학 특임교수. 한국교회와 기업 세계 위에 하나님 나라가 임
하기를 꿈꾸며 오랜 기간 연구와 자문을 해 왔다. 고려대학교에서 경영학을
공부했다. 지은 책으로 『건강한 교회, 이렇게 세운다』, 『무엇이 교회를 건강하
게 하는가』(공저, 이상 IVP), 『마음으로 리드하라』(삼성경제연구소) 등이 있다.

박준

한국행정연구원 공공리더십갈등관리연구실 실장. 사회갈등을 연구하는 사회과학도이자 주일학교 중등부 교사로 섬기는 평신도 사역자다. 서울대학교와 미국 피츠버그대학교에서 정치학을 공부했다. 주요 연구로는 「국가포용성지수 개발 연구」(공저, 경제인문사회연구회), 『정치양극화 시대 한국 민주주의의 발전 방안』(공저, 박영사) 등이 있다.

이윤석

충남 아산시 정책보좌관. 서울기독교세계관연구원 원장. 보배교회 협동목사. 창조론오픈포럼 공동대표. 과거 삼성SDS 책임컨설턴트와 포스코경영연구소 연구위원, 아산시민교회 담임목사, 밴쿠버기독교세계관연구원 방문연구원, 독수리기독학교 기독교학교연구소장 등을 역임했다. KAIST에서 경영학, 총신대학교에서 조직신학을 전공했다.

이재열

서울대학교 사회학과 교수. 한국사회의 문제점과 해결 방안을 찾는 연구에 매진하는 사회학자다. 서울대학교와 하버드대학교에서 사회학을 공부했다. 지은 책으로 『플랫폼 사회가 온다』(공저, 한울아카데미), 『다시 태어난다면, 한국에서 살겠습니까』, 『아픈 사회를 넘어』(공저, 이상 21세기북스) 등이 있다.

최영우

㈜도움과나눔 대표. 모금 컨설팅으로 대학, 의료기관, 국제구호단체 등 많은 비영리단체를 20여 년간 돕고 있다. 교육문제와 가정에 대한 관심이 많아서 한국IFCJ 산하 가정의 힘을 이끌고 있다. 고려대학교와 동 대학원에서 무역학과 국제경영학을 전공했다.

2부

1장

1 서울대학교 종교문제연구소에서 발행한 저자의 논문(김태섭, "한국교회의 천국 [하나님 나라]에 대한 오해와 이해,"「종교와문화」30[2016], 99-130.)에서 발췌 및 수 정한 내용이다.

2 올브라이트(Albright)와 만(Mann)은 '하나님 나라'(the kingdom of God)는 지상 의 예수 공동체를 의미하고, '천국'(the kingdom of heaven)은 최후 심판 이후 에 도래할 성부 하나님의 통치권을 의미한다고 주장했다(W. F. Albright and C. S. Mann, *Matthew*[Garden City, N.Y: Doubleday, 1971], 155, 233). 알렌(Allen) 과 파멘트(Pamment)는 '천국'이 오로지 피안(彼岸)적이며 미래적인 실재이 고, '하나님 나라'는 현세 가운데 이미 실현된 신적 통치권을 의미하는 것으 로 구분하였다(Margaret Pamment, "The Kingdom of Heaven according to the First Gospel". *NTS* 27.2 (1981), 232; W. C. Allen, *A Critical and Exegetical Commentary on the Gospel according to St. Matthew*[Edinburgh: T. & T. Clark, 1912], lxvii-lxviii). 기타 다른 관점들은 다음 책을 참조하라. Jonathan Pennington, *Heaven and Earth in the Gospel of Matthew*(Leiden: Brill 2007), 303-10.

3 R. T. France, *The Gospel of Matthew*(Grand Rapids, Mich.: William B. Eerdmans, 2007), 102-03; C. Keener, *A Commentary on the Gospel of Matthew*(Grand Rapids: Eerdmans, 1999), 68; W. D. Davies and D. C. Allison, *A Critical and Exegetical Commentary on the Gospel according to Saint Matthew* vol.1(Edinburgh: T. & T. Clark, 1988), 389-92; Pennington, 위의 책, 303-10.

4 마태복음 3:2; 4:17; 5:3, 10, 19, 20; 7:21; 8:11; 10:7; 11:11, 12; 13:11, 24, 31, 33, 44, 45, 47, 52; 16:19; 18:1, 3, 4, 23; 19:12, 14; 20:1; 22:2; 23:13; 25:1에 등장한다. 참조. 딤후 4:18 "그의 천국에"(εἰς τὴν βασιλείαν αὐτοῦ τὴν ἐπουράνιον). 여기서 "천국"이라고 번역된 원문의 표현은 마태복음과 같은 'ἡ βασιλεία τῶν οὐρανῶν'(the kingdom of heavens)이 아니라 'ἡ βασιλεία ἡ ἐπουράνιος'(the heavenly kingdom)이다.

5 양용의, 『하나님 나라 어떻게 이해할 것인가』(서울: 한국성서유니온선교회, 2005), 24-27.

6 Craig A. Blaising, "Dispensationalism, The Search for Definition" in Craig A. Blaising and Darrell L. Bock(ed.), *Dispensationalism, Israel and the Church, The Search for Definition*(Grand Rapids, Mich: Zondervan, 1992), 21.

7 류대영, 『초기 미국선교사 연구』(서울: 한국기독교역사연구소, 2001), 51.

8 배덕만, 『한국 개신교 근본주의』(대전: 대장간, 2010), 31-32.

9 드와이트 무디, 김경신 옮김, 『천국』*Heaven*(서울: 생명의말씀사, 2013), 23-24, 112.

10 George Beasley-Murray, *Jesus and the Kingdom of God*(Exeter; Grand Rapids: Eerdmans; Paternoster, 1986), 17.

11 이러한 현재적 하나님 나라와 미래적 하나님 나라의 긴장관계(already but not yet)를 오스카 쿨만은 D-day와 V-day라는 유비를 통해 표현하기도 했다. O. Cullmann, *Christ and Time: The Primitive Christian Conception of Time and History* trans. F. V. Filson(London: SCM press 1951), 84-87.

12 20세기 말 한국에서 출간된 하나님 나라 관련 서적 중 여러 권이 출판사나

역자가 바뀌어 새롭게 나왔다. 헤르만 리델보스의 책 *The Coming of the Kingdom*는 1985년 생명의말씀사에서 『하나님의 나라』(황영철 옮김)로 출판된 것이 2008년에 『하나님 나라』(개정판, 오광만 옮김)로, 조지 래드의 *The Presence of the Future: Jesus and the Kingdom*은 1985년 『예수와 하나님의 나라』(이태훈 옮김)로 엠마오 서적에서 출간되었던 것이 2016년 CH북스(크리스천다이제스트)에서 『조지 래드 하나님 나라』(원광연 옮김)로 출판되었다.

2장

1 본 원고는 저자의 저서 『하나님의 공동선』(성서유니온, 2020) 내용 일부를 요약한 것이다.

3장

1 발전이란 가치함축적인 개념으로 근대화를 달성하는 데 기여하는 사회구조의 변동을 말한다. 사회 발전에 있어서는 인간주의적인 삶의 가치가 중요한데, 삶의 가치는 개인이 타고난 잠재력을 발휘하여 자아완성을 이루고, 사회적으로는 문화공동체인 민족의 잠재적 문화역량을 충분히 펼쳐 문화의 꽃을 피우는 것이다. 이를 위해서는 물질적, 정신적 '삶의 질'을 더욱 아름답게 향상시키고, 선택과 자유 및 분배정의를 고양시키는 '삶의 기회'를 증대시키는 것이 요청된다. 김경동, 『현대의 사회학』(서울: 박영사, 2007), 503.
2 박영신, 『현대 한국사회와 기독교』(서울: 한들출판사, 2007), 62.
3 1910년 설립 인가를 받은 사립학교 2,250개 가운데 기독교 계통이 대부분이었던 종교 학교가 823개로 집계되어 있었다는 것은 의미심장한 지표이다. 위의 책, 64.
4 임성빈, 『21세기 한국사회와 공공신학』(서울: 장로회신학대학교, 2017), 80-81.
5 위의 책, 85.
6 위의 책, 88.
7 한국인구보건연구원, 『사회복지시절의 효율적인 관리방안에 대한 연구』(1987), 280-281.

8 임성빈, 『21세기 한국사회와 공공신학』, 92-93.

9 피터 버거 엮음, 김덕영·송재룡 옮김, 『세속화냐 탈세속화냐』*The Desecularization of the World: Resurgent Religion and World Politics*(서울: 대한기독교서회, 2002), 15.

10 위의 책, 36.

11 위의 책, 27.

12 José Casanova, *Public Religion in the Modern World*(Univ. of Chicago Press, 1994).

13 폴란드 자유노조(Solidarity)와의 관계에서 나타난 가톨릭 교회, 독일에서 시민사회의 문제를 제기하는 사회적 공간을 마련해 준 독일교회의 예도 동일하다. 데이비드 마틴, 김승호 외 옮김, 『현대 세속화 이론』*On Secularization: Toward a Revised General Theory*(서울: 한울, 2008), 55.

14 Peter Berger(ed.), *The Desecularization of the World: Resurgent Religion and World Politics*, 30.

15 제임스 데이비슨 헌터, 배덕만 옮김, 『기독교는 세상을 어떻게 변화시키는가』*To Change the World*(서울: 새물결플러스, 2014), 65.

16 위의 책, 76.

17 위의 책, 79-80.

18 위의 책, 124.

19 위의 책, 142.

20 위의 책, 194.

21 위의 책, 233-34.

22 위의 책, 269.

23 위의 책, 283.

24 위의 책, 285.

25 위의 책, 390.

26 위의 책, 390.

27 위의 책, 420.

3부

2장

1 Lesslie Newbigin, *The Open Secret: An Introduction to the Theology of Mission*(Grand Rapids: Eerdmans), 29.

3장

1 이 조사의 결과물은 다음 인터넷 사이트에서 확인할 수 있다.
http://jpic.org/survey/?uid=1868&mod=document

2 디트리히 본회퍼, 정지련·손규태 옮김, 『신도의 공동생활/성서의 기도서』 *Gemeinsames Leben; Das Gebetbuch der Bibel*(서울: 대한기독교서회, 2010). 이 중 '신도의 공동생활'의 '공동체' 장을 참고하였다.

3 H. Richard Niebuhr, *The Responsibility of the Church for Society and Other Essays*(Louisville: WJK Press, 2008). 이 중 니버의 1956년 저작 *The Purpose of the Church and Its Ministry*에서 가져온 "The Church and Its Purpose"를 참고하였다.

4 2004년 독일 바이에른 가톨릭 아카데미 세미나에서는 마르크스주의 정치철학자 위르겐 하버마스와 당시 바티칸 신학장관이었으며 후에 베네딕토 16세 교황이 된 라칭거 추기경이 만나 대화를 나누었다. 그들은 미국 9.11 테러 이후 서구가 맞이한 문명적 위기에 종교적 배경이 있다는 점과 공론장에서 종교가 이성과 함께 공적인 역할을 감당해야 한다는 점에 동의하였다. 한쪽은 이성의 합리적 소통을 통해 근대주의적 이상을 실현할 수 있으리라고 보는 비판적인 정치철학자였고, 다른 한쪽은 신의 계시를 믿고 인간의 한계를 주장하는 종교인이었기 때문에 이는 매우 상징적인 대화였다. 이 대화는 종교의 역할에 대한 하버마스의 연구에 큰 자극을 주었고, 학계에서는 이 대화를 근대적 인본주의의 공론장에 종교와 계시의 참여 조건과 필요성을 고민하게 된 중요한 계기로 평가하고 있다. 다음을 참고하라. 위르겐 하버마스·요셉 라칭거, 윤종석 옮김, 『대화: 하버마스 대 라칭거 추기경』*Dialektik der Säkularisierung:*

über Vernunft und Religion(서울: 새물결, 2009).

5 다음을 참고하라. 헬무트 리처드 니버, 홍병룡 옮김, 『그리스도와 문화』*Christ and Culture*(서울: IVP, 2007).

6 교회는 세상에 파송된 선교적 공동체이며, 선교의 주체는 삼위일체 하나님 자신이라는 신학적 입장에서 교회는 그동안 사람을 모으는 일에 선교적 자원을 동원했다. 이와 달리, 지역과 사회의 필요에 책임적으로 응답하고 교회가 필요한 곳으로 파송되어 공동체를 형성하는 것이 교회의 존재 목적이라고 고백하는 새로운 선교운동이 있다. 이를 '선교적 교회'(Missional Church)라고 부른다. 20세기 후반에 북미의 교회들은 교회중심적이고 기독교국가주의(Christendom)를 지향하며 성장을 추구하기보다, 파송된 지역에서 진정한 공동체를 이루는 것이 곧 선교적 사명이라고 고백했다. 우리나라에도 이 흐름이 소개된 지 20년이 넘었다. 이것은 교회를 대형화하고 사람들을 끌어모으는 것이 선교가 아니라 교회가 필요한 곳에서 공동체를 형성하는 것이 선교이며, 해외뿐 아니라 국내가 우선적인 선교적 사역지라는 인식의 개선을 가져오기도 했다.

7 로버트 푸트남은 그의 저서 『나 홀로 볼링』*Bowling Alone: The Collapse and Revival of American Community*(페이퍼로드, 2016)에서 미국사회의 개인화, 고립화 현상을 사회학적으로 풀어냈다. 그는 이러한 현상이 사회의 공동체적 위험을 초래할 것으로 보며, 종교를 포함한 '사회적 자본'의 네트워크를 통해 시민사회의 공론장을 확대하는 것이 필요하다고 주장한다.

하나님 나라, 공동선, 교회

초판 1쇄 발행 2024년 3월 18일

엮은이 한국교회 희망 프로젝트
글쓴이 김태섭·송용원·백광훈·신현호·이병옥·성석환
펴낸이 임성빈
책임편집 김지혜

펴낸곳 크리쿰북스
등록 2017년 3월 17일 제25100-2017-000017호
주소 03721 서울시 서대문구 성산로 527(대신동), B1
전화 02-743-2535 **팩스** 02-743-2532
이메일 cricumorg@naver.com

한국교회 희망 프로젝트 linktr.ee/bh2030
문화선교연구원 cricum.com

ISBN 978-89-967383-4-3 04230
ISBN 978-89-967383-3-6 (세트)